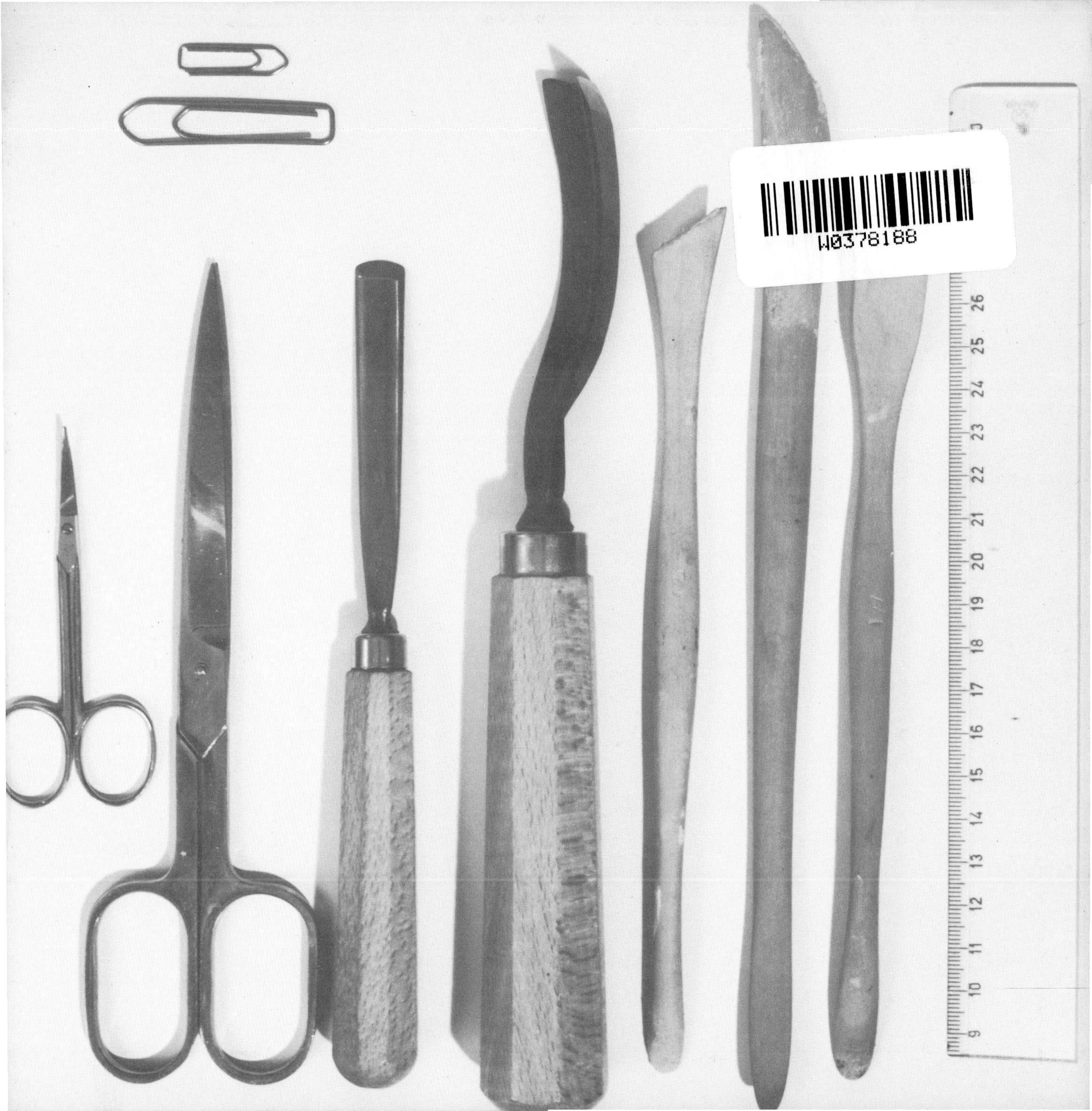

Nenna von Merhart

Krippenfiguren selber machen

Nenna von Merhart

Krippenfiguren selber machen

Mit 11 Farbbildern und 119 Schwarzweißbildern von Engelbert Pöschl
sowie 44 Zeichnungen und 4 Ausschneidebögen

Tyrolia-Verlag · Innsbruck-Wien

Fotos: Engelbert Pöschl
Zeichnungen: Elke Staller
Ausschneidebögen: Emmerich Kerle

CIP-Kurztitelaufnahme der Deutschen Bibliothek

Merhart, Nenna von:
Krippenfiguren selber machen / Nenna von Merhart.
Mit 11 Farbbildern u. 119 Schwarzweißbildern von Engelbert
Pöschl sowie 44 Zeichnungen u. 4 Ausschneidebögen. –
Innsbruck – Wien : Tyrolia-Verlag, 1985.
ISBN 3-7022-1573-5

NE: Pöschl, Engelbert

Gesamtherstellung in der
Verlagsanstalt Tyrolia Gesellschaft m.b.H., Innsbruck

Inhaltsverzeichnis

7 Ein Brief zum Beginn
9 Krippenfiguren – Ihre Entstehung und Entwicklung
13 Einige Überlegungen vor Inangriffnahme der Arbeit
16 Die Figuren einer gekleideten Original-Barock-Krippe und ihr „Innenleben“
25 Figuren einer dem Barock nachempfundenen Krippe
31 Gekleidete Figuren nach herkömmlichem Muster
62 Krippenfiguren aus Pfeifenputzern
75 Gekleidete Figuren
84 Filzfigürchen für die Jugendkrippe
87 Geschnitzte Krippenfiguren
91 Die Krippe aus Ton
96 Figuren aus plastischen, selbsthärtenden Massen
101 Krippenfiguren aus Fimo
105 Weihnachtliche Figuren und Halbreliefs aus Salzteig
115 Krippenfiguren aus Maisblättern
126 Die große neunteilige Rupfenkrippe
145 Ausschneidebögen
153 Papierfiguren zum Ausschneiden
155 Ein Brief zum guten Schluß
156 Krippenverbände

Ein Brief zum Beginn

Liebe Freunde der Krippe,
beflügelt von dem überwältigenden Erfolg, den das Erscheinen unseres Buches »Weihnachtskrippen bauen« ausgelöst hat, habe ich mich mit Freude und Begeisterung auf das Buch über die Krippenfiguren gestürzt. Daß die Krippenfiguren ein nicht minder liebenswertes Thema darstellen als das Herstellen von Krippenbergen, sehen Sie sofort, wenn Sie ein wenig in diesem Band blättern. Eines wird Ihnen dabei auffallen: ich habe mich bemüht, Ihnen nicht nur das allgemein Gängige zu zeigen und zu erklären, sondern auch Basteltechniken, die Sie sonst kaum finden werden. So bringe ich Ihnen nicht nur die Figuren einer Maisblattkrippe, die sehr gebräuchlich sind und auch in Kursen vorgestellt werden, sondern ich führe Sie zusätzlich ein in die versunkene heile Welt, in der Klosterfrauen prachtvolle Barockfiguren schufen, deren Schönheit uns heute im Zeitalter der Nostalgie neu entzückt. Es gibt schon wieder Leute, die begierig darauf sind, alles nur Erreichbare über die Herstellung solcher Heroldengel, solcher Madonnen, solcher Könige zu erfahren, um es in freudvoller Prachtentfaltung nachvollziehen zu können. An dieser Stelle sei meinem Onkel, Casimir Schumacher in Thaur/Tirol, Dank gesagt dafür, daß er uns nicht nur erlaubt hat, seine Original-Barock-Krippe zu photographieren, sondern daß er auch den Aufstieg zum Dachboden nicht gescheut hat, auf dem wohlverwahrt ein Kästchen ruhte, bei dessen Anblick mir das Herz höher schlug: der entkleidete Torso einer Barockfigur, mitsamt Kleidung, eine Menge Arme und Beine sowie Kopfbedeckungen, alle aus dem 17. und 18. Jahrhundert. Ein Schatz sondergleichen! Wir durften mit den Dingen hantieren und sie schließlich photographieren. Das Ergebnis sehen Sie im entsprechenden Kapitel.
Ein weiteres, nicht minder herzliches Dankeschön geht nach Südtirol zu Altabt Konrad Lechner, jedem Tiroler Krippenbegeisterten ein Begriff. Ihn kann man mit Fug und Recht als den Vater der alpenländischen Krippenfigur bezeichnen, hat er doch in seinem langen Klosterleben – er ist bereits über 80 Jahre alt – ungezählte Figuren geschaffen, wobei buchstäblich eine schöner und treffender ist als die andere. Seine Spezialität ist das besonders liebevolle Ausgestalten seiner kleinen Vasallen, die Harfen auf dem Rücken, Bergschuhe in der Hand und Einkaufskörbe am Arm haben, um willkürlich nur drei Beispiele zu nennen. Mit großer Geduld hat er sich unseres Anliegens angenommen und ist mit uns hinuntergestiegen in das düstere Gewölbe, in dem er seine Schätze verwahrt. Von ihm durften wir lernen, wie er die Gerüste seiner Figuren gebogen hat nach den Maßtabellen, die er selbst entwickelt hat. Mit großem Dank vermerken wir, daß er uns erlaubt hat, all dies in unserem Buch zu verwenden. Es handelt sich um Werte, die einst mit ihm dahingehen würden, hätten wir uns nicht zu ihren Hütern selbst ernannt. Wir sind fest davon überzeugt, daß Krippenfiguren »à la Lechner«, durch unser Buch unters Volk gebracht, auch noch gebaut werden, wenn längst kühler Rasen den »Erfinder« deckt. So gesehen, haben wir vielleicht sogar eine kleine Tat der Bewahrung von Kulturgut gesetzt.
Aber nicht nur für den traditionell Eingestellten ist einiges in diesem Buch zu finden, nein, auch an die anderen ist gedacht.
Da sind vor allem die Jugendlichen, denen ganz besonders unser Anliegen gilt. Aber fällt es schon einem erwachsenen Krippenbauer schwer, die hohen Kosten zu tragen, die mit dem Erwerb schöner, handgefertigter geschnitzter Krippenfiguren verbunden sind; ein junger Mensch wird vor diesen materiellen Auslagen ganz einfach kapitulieren.

Nun ist aber auch die schönste Krippe nichts ohne die entsprechenden Figuren, so wie eine Theaterbühne leer, unwirklich und tot ist ohne die Schauspieler, die sie erst zum Leben erwecken. Die Krippenfiguren sind es, die das Leben in den Krippenberg hineinbringen. In ihrem Aussehen spiegelt sich die Seele des Krippenbesitzers. Sein Geschmack wird durch sie verdeutlicht, seine speziellen Wunschvorstellungen für sein eigenes Aussehen und das seiner Umwelt. So gesehen, sind Krippenfiguren ein Spiegel, in dem sich der Besitzer selbst erblickt.

Wie nun gar, wenn die Figuren selbst gebastelt sind! Mannigfaltig wie auf kaum einem anderen Gebiet kann man sich da ausleben, man kann in Formen schwelgen, in Farben, im stets wechselnden Zusammenspiel der einzelnen Gestalten. Ja, es ist nicht einmal unbedingt nötig, einen Krippenberg als Hintergrund zu haben, wie unsere große Rupfenkrippe beweist. Die Figuren, für sich aufgestellt, strahlen schon all den Zauber aus, den Weihnachten nun einmal ausmacht.

Und das ist es, was wir auch mit diesem Buch beabsichtigt haben: Sie zu motivieren für Weihnachten, Ihnen bei den Vorarbeiten und beim Basteln eine große Vorfreude zu vermitteln, die sich dann zum seligen »Furioso« steigert, wenn Sie mitsamt Ihren Familienangehörigen vor der selbstgebastelten Krippe sich zusammenfinden. Dann sind im Geiste ganz bei Ihnen

Ihre
Nenna von Merhart
Engelbert Pöschl

Krippenfiguren – Ihre Entstehung und Entwicklung

Die Geschichte der Krippenfiguren ist untrennbar mit der Geschichte der Krippe verbunden, ja, man könnte beinahe sagen, daß die Figur der eigentliche Ausgangspunkt der Entwicklung war. Denn lange bevor es das gab, was wir heute als »Krippe« bezeichnen, nämlich eine szenische Darstellung der Geburt Christi in dreidimensionaler Form mit Figuren und Figurengruppen, gab es die Figur des Jesuskindes zur Anbetung in der Weihnachtszeit. Schon in den ersten Jahrzehnten des 14. Jahrhunderts kannte man die in den Kirchen aufgebauten Christkindlein aus Ton und Wachs, die Mittelpunkt des uralten Brauches des »Kindlwiegens« waren. Diese Kleinplastiken wurden als liebevoll gehütetes lebendiges Gut betrachtet, mit dem man agierte, mit dem man spielte. Damit nahmen diese Christkindfiguren eine Mittlerrolle ein zwischen den erstarrten Weihnachtsdarstellungen in Relief und Malerei einerseits und dem kraftvoll pulsierenden geistlichen Theater, den Mysterienspielen, die die Menschen dieser Zeit enorm beeindruckten. Die Figuren dieser Mysterienspiele finden wir später wieder in den Krippendarstellungen.

Bis zum Ende des 15. und dem Beginn des 16. Jahrhunderts war die Wiedergabe des Weihnachtsgeschehens an die äußere Form der meist großformatigen Reliefs gebunden, die zumeist an die Altarrückwand befestigt waren. Ab diesem Zeitpunkt trat die Figurengruppe der Heiligen Familie vollplastisch aus dieser Bindung heraus und es wurde möglich, sie von allen Seiten zu betrachten. Trotzdem kann man zu diesem Zeitpunkt noch nicht von der »klassischen« Art der Krippenfigur sprechen.

Die hohe Zeit der Krippenfiguren brachte erst das 16. Jahrhundert. Die erste Nachricht vom Vorhandensein von Krippenfiguren im nichtkirchlichen Bereich stammt aus dem Jahr 1567: ein Inventar der Burg der Piccolomini in Amalfi, in dem über 116 Figuren berichtet wird. Überhaupt war zu dieser frühen Zeit der Besitz von Krippen ein Vorrecht der Kirchen und des Adels, wobei gesagt werden muß, daß der Ausdruck »Krippe« noch nicht durchaus geläufig war. Was die frühen Kirchenkrippen auszeichnete, war die Größe ihrer Figuren (oft einen Meter und darüber) und die kostbaren Gewänder, in die sie gekleidet waren. Als nach und nach über den Umweg des Adels die Krippen auch im bürgerlichen Bereich heimisch wurden, behielt man zunächst die erlesene, meist von Nonnen hergestellte Kleidung bei.

Überaus reich wurden die Figuren im Barock ausgestattet; man denke nur an die sogenannten »Heroldengel«, die uns ein genaues Bild geben vom Aussehen der Zeremonienmeister und Läufer hoher Fürstlichkeiten, oder an die Musikinstrumente, die die Gefolgsmannen der Heiligen Drei Könige in Händen hielten, die uns heute Aufschluß geben über die frühen Typen dieser Instrumente.

Besonderes Augenmerk auf Krippenzubehör legte man in Neapel, nicht nur in dieser frühen Epoche, sondern bis weit in unsere Zeit hinein. Diese »finimente« genannten winzigen Gegenstände wurden in eigenen Werkstätten in Augsburg und Genua und nur zum Ausschmücken der Krippen hergestellt. Es finden sich da Schmuckstücke aller Art, silberne Leuchter und Platten, Kästchen in allen nur möglichen Formen usw., meist aus echtem Gold und Silber überaus kunstvoll gestaltet.

Die Figuren dieser neapolitanischen Krippen waren wie die übrigen etwas kleineren »gekleideten« Stücke z. B. Österreichs und Süddeutschlands aus Draht geformt, den man körpergerecht mit Werg oder Stoffstreifen umwickelte. Die Arme und Beine waren gut beweglich; man konnte die Figuren stehen, sitzen und knien lassen. Den größten Wert legte man auf die Gestaltung der Köpfe, die im Fall der neapolitanischen Krippe aus Terracotta, sonst oft aus Wachs bossiert waren. Die Italiener liebten es, den Köpfen ihrer Krippenfiguren Glasaugen einzusetzen, was natürlich die Wirkung zusätzlich steigerte. Auch auf das Aussehen der Hände und Füße legte man großen Wert. Manche dieser Figuren konnten in mehreren verschiedenen szenischen Abläufen verwendet werden, z. B. ein und dieselbe Figur einmal als König Herodes, dann wieder als Gefolgsmann der Heiligen Drei Könige usw. Die neapolitanischen Krippen zeigen das Auftreten einer neuen sozialen Schicht, nämlich des Bürgertums, während sich die Krippendarstellungen nördlich der Alpen auf die traditionellen Figurengruppen beschränkten: die Heilige Familie, die staunenden Hirten, die Engel und die Heiligen Drei Könige mit ihrem Gefolge. Langsam, aber stetig, hatte sich hier wie dort das Repertoire der dargestellten Figuren vergrößert. Im Falle der neapolitanischen Krippe war der Figurenreichtum besonders groß, ja, mit der Zeit überwucherte er das zentrale Geschehen. Über dem vielfältigen reichen Auftreten von Händlern, Marktweibern, Gauklern usw. geriet das eigentliche Anliegen der Krippe in Vergessenheit, ja, es gab »Krippen«, in denen man vergebens nach der Jungfrau und dem Kind Ausschau hielt.

Anders war es zu allen Zeiten bei den Krippen des Alpenraumes und Süddeutschlands. Hier wie auch in den Ländern Böhmen und Polen, aber auch Spanien und Portugal war man sich immer des Leitgedankens bewußt, der da hieß »Besinnung auf das Wunder der Geburt des Herrn«. So war auch – und ist es noch heute –, die Grotte, die Höhle, der Stall, die Tempelruine, in der sich dieses Wunder allen sichtbar vollzieht, der eigentliche Mittelpunkt des Krippengeschehens. Die einzelnen Figuren sind zur Grotte hin ausgerichtet. Die Hirten weisen mit dem Arm hinauf zu dem Stern, der ihnen den Weg weist, die Engel schauen in Richtung Jesuskind, die Heiligen Drei Könige strömen zur Krippe, zum Trog, in dem das Kind liegt.

Einer der entscheidendsten Impulse, die in vielen Gegenden die Entwicklung der Hauskrippe beeinflußten, waren die kirchenfeindlichen Maßnahmen Kaiser Josephs II. ab 1785 und in ihrem Gefolge das Verbot der Kirchen- und Klosterkrippen im Bereich des Habsburgerreiches, das Verbot der Krippen in Bayern 1803, sowie die Französische Revolution 1789 und alles, was in ihrem Gefolge auftrat. Das Volk begegnete diesem Verbot auf seine Weise: es hatte sich bereits so sehr an das Vorhandensein der Weihnachtskrippen in der Zeit zwischen dem 8. Dezember und dem 2. Februar gewöhnt, daß es darauf nicht verzichten wollte. Man übersiedelte die vorhandenen Kirchenkrippen kurzerhand in ein naheliegendes Bauern- oder Bürgerhaus und strömte dort zum Beten zusammen. Mit der Zeit erwiesen sich die großformatigen Figuren als zu unhandlich und außerdem sehnte man sich danach, neben der Heiligen Familie auch eine größere Anzahl von Hirten und Königsgefolgsleuten zu besitzen. Die Figuren wurden kleiner und kleiner.

Waren es längere Zeit hindurch die Klosterfrauen gewesen, die die Figuren herstellten, so schalteten sich nunmehr die »Bildschnitzer« ein, was naturgemäß besonders in den Ländern mit großen Wald- und Holzvorräten der Fall war, wie z. B. den Alpenländern (ausgenommen die Schweiz, wo es kaum eine Krippentradition gibt), dem Erzgebirge und verschiedenen katholischen Gegenden Deutschlands, vor allem Süddeutschlands. Diese Schnitzer, die oft unter Auftragsmangel litten, bemächtigten sich voll Vehemenz der neugestellten Aufgabe. In den allermeisten Fällen schnitzten sie nicht nur, sondern faßten auch die Figuren, was meist mit Tempera-, kaum mit Ölfarben geschah. Die geschnitzten Figuren waren im allgemeinen wesentlich kleiner als die gekleideten und bewegten sich von 2 cm aufwärts. Fabelhafte Leistungen wurden auf diesem Gebiet erbracht und viele Schnitzer

haben es zu hohem Ansehen und Berühmtheit gebracht. Nach und nach wurde die Produktion immer umfangreicher, man ging mit seiner Kunstfertigkeit auf »Stör« oder verkaufte die Figuren auf den Ständen der Wallfahrtsorte.
In bestimmten Gegenden gab es noch einen anderen Typus der Krippenfiguren, die ebenfalls voll- oder halbplastisch sein konnten, nämlich die aus Ton, die von den Hafnern als Nebenerwerb für Weihnachten hergestellt wurden. Führend auf diesem Gebiet war der Süden Frankreichs, die Provence. Hier wurden ab 1803 die berühmten »Santons«, was soviel heißt wie »Kleine Heilige«, gepreßt. Die kleinen Gebilde, die die Gußform verließen, wurden nachgearbeitet und – oft sehr farbenfreudig – bemalt. Ihnen ähnlich waren die sogenannten »Loammandln« aus Nassereith in Tirol. Auch hier drückte man den Ton in Formen, was naturgemäß eine Produktion in höheren Stückzahlen mit sich brachte.
Gleichfalls eine größere Produktion brachte das spezifische Aussehen einer anderen Art der Krippe mit sich: die Papierkrippe. Sie tauchte in Adelskreisen seit dem 17. Jahrhundert auf und war zu ihrer Zeit ein bißchen »die Krippe für den kleinen Geldbeutel«. Ihr Anschaffungspreis lag weit unter dem anderer Krippen, obwohl sich großteils Künstler mit ihrer Herstellung befaßt hatten. Die einzelnen Figuren waren mit Tempera-, selten mit Ölfarbe auf starke Papierbögen gemalt und mußten meist auf Pappe oder dünne Holzbrettchen aufgeklebt werden, die dann ausgeschnitten bzw. -gesägt wurden. Viele dieser Krippen waren in Glaskästen untergebracht und gehören heute in die Gruppe »Museumsstücke«. Wie vielfältig eine Papierkrippe sein kann, zeigt ein Exponat des Bayerischen Nationalmuseums in München, das einen Krippenberg von großer Höhe, aber geringer Tiefe zeigt, mit über 1000 Figuren, darunter einer riesigen Schafherde. Die Figuren sind so gemalt und aufgestellt, daß sich allein aus der Verschiedenheit ihrer Größe eine starke perspektivische Wirkung ergibt. Diese finden wir oft auch an Krippen mit voll- oder halbplastischen Figuren aus Holz oder Ton, bei denen gleichfalls die vorderen Figuren größer dargestellt sind als die des Hintergrundes. Manchmal nahm man auch in der Farbgebung auf diese Tiefenwirkung Rücksicht und hielt die Fassung der rückwärtigen Figuren in gedämpfteren Farbtönen als die des Vordergrundes.
Ein plötzliches Aufleben der Hauskrippen als Folge des Verbots der Kirchenkrippen war nicht überall der Fall. In vielen Gegenden ließ man sich von den Strömungen der Aufklärung beeinflussen, der das barokke Zur-Schau-Stellen mit seinem prunkvollen Gepräge zutiefst zuwider war. Man verbannte die bestehenden Krippen auf die Dachböden und Speicher, wo sie nach und nach verkamen. Zu einer gewissen Renaissance der Krippenbewegung kam es durch die Nazarener im Verlauf des 19. Jahrhunderts. Sie »erfanden« einen neuen Krippenstil, der sich weitgehend an dem ihrer eigenen Malerei orientierte, was man an den Krippen-Ausschneidebögen dieser Zeit unschwer feststellen kann.
Das Wirken der Nazarener fiel zeitlich zusammen mit dem Beginn der industriellen Massenproduktion. Waren es vorher Künstler oder begabte Handwerker gewesen, aus deren Händen die Krippenfiguren stammten, so waren es jetzt die Fabriken, in deren Formgießereien und Gipswerkstätten in riesigen Serien die begehrten kleinen Figuren gegossen wurden. Aus diesen Werkstätten stammten schon lange vorher die Devotionalien für die Wallfahrtsorte; man verfügte also über das Wissen und die Technik, im gleichen Verfahren wie die Devotionalien auch die Krippenfiguren herzustellen. Diese bestanden entweder aus Gips, dem man feinen Sand, zerriebenes Papier und Käse als Bindemittel zusetzte, aus Ton oder aus Papiermaché. Etwas ganz grundsätzlich Neues trat damit auf den Plan: sah man in den Schöpfern der früheren Krippenfiguren den namentlich bekannten Künstler, so

vollzog sich nun alles unter dem Mantel der Anonymität. Die ästhetisch minderwertigen Figuren wurden von Hausierern zu Tausenden auf den Markt geworfen. In der neueren Zeit hat sich die Spielzeugindustrie mit der Verwendung von Kunststoffen, Plastik usw. voll und ganz der Materie »Krippe« bemächtigt. Seit einigen Jahren aber macht sich durch unsere Übersättigung mit dem Produkt »Plastik« eine Wende bemerkbar: gefördert durch die verschiedenen Krippenverbände, die es z. B. in Österreich, Deutschland, Italien, Spanien usw. gibt, besinnt man sich wieder der alten Ideale. Es ist wieder »modern« geworden, sich selbst eine Krippe zu bauen, hinaus zu gehen in Wald und Au, um sich dort das dazu benötigte Material zu holen. Es ist wieder »modern« geworden, zu einem Holzschnitzer zu pilgern, und bei diesem zunächst nur einige wenige, später mehrere Krippenfiguren zu erstehen. Die Welle der Nostalgie hat das ihrige dazu beigetragen. Eine Entwicklung, die durchaus zu begrüßen ist!

Einige Überlegungen vor Inangriffnahme der Arbeit

Zunächst wollen wir uns einige ganz wesentliche Dinge für die Arbeit an Krippenfiguren überlegen.

Überlegung 1

Ist eine Krippe, ein sogenannter »Krippenberg«, schon vorhanden, so müssen die zu bastelnden Figuren ihm unbedingt angepaßt werden, einmal und vor allem, was die Größe anbelangt, aber auch, was den Stil betrifft. Es zeugt von keinem guten Formgefühl, wenn z. B. in einer Höhlenkrippe, deren höchste Erhebung 40 cm mißt, Figuren stehen, die 12 cm und mehr hoch sind. In diesem Fall sollten die Figuren ca. 7 – 8 cm messen und sich damit der Grotte anpassen. Auch der umgekehrte Fall, daß nämlich die Figuren zu klein sind, ist abzulehnen. Es darf weder die Umgebung die Figuren und Figurengruppen »erschlagen«, noch darf das Umgekehrte der Fall sein.
Ihren guten Sinn für künstlerische Fragen brauchen Sie ebenso, wenn Sie für Ihre vorhandene Krippe in einem bestimmten Stil die Figuren planen. Sind Sie glücklicher Besitzer einer orientalischen Krippe, werden Sie selbstverständlich versuchen, auch den Figuren einen Hauch von Orient zu geben. Sie werden sie, wenn Sie gekleidete Figuren herstellen, eher in weite, schleppende Gewänder hüllen und werden darauf verzichten, die Gefolgsmannen der Heiligen Drei Könige in stilisierten Lederhosen agieren zu lassen. Anderseits werden Sie für eine heimatliche Krippe rustikalere Gestalten wählen, die entweder bekleidet oder geschnitzt, geformt, ausgeschnitten usw. sein können. Für die sogenannte »Stilkrippe«, die in vielen Fällen nur aus einer einzigen Wurzel, aus einem Säulenpaar usw. bestehen kann, sind Sie noch freizügiger: in ihr sehen aus plastischen Massen geformte Figuren gut aus, Maisblattfiguren, aber auch Papierkrippenfiguren. Bei dieser Art von Krippe kann die Phantasie am ungehindertsten auf Reisen gehen.

Überlegung 2

Sind Sie noch nicht glücklicher Besitzer einer Krippe und deren Figuren und wollen Sie sich alles neu anschaffen, dann stehen Ihnen alle Wege offen. Für das Bauen der Krippen darf ich Ihnen mein Buch »Weihnachtskrippen bauen« anempfehlen, mit dessen Hilfe Sie sämtliche technischen, handwerklichen und künstlerischen Probleme meistern können. Bevor Sie sich aber für eine der in dem Buch beschriebenen Krippen entscheiden, sollten Sie auch schon die Frage der Figuren miterwägen.
In vielen Familien ist es bereits Brauch geworden, daß Mann, Frau und Kinder gemeinsam an einem Bastelwerk schaffen, jeder auf die ihm angemessene Weise. Ganz gedeihlich wird das Zusammenspiel der Kräfte nur sein, wenn jeder seine Talente kennt und entsprechend einsetzt, aber auch die Grenzen weiß. Wenn beispielsweise der Mann ein begnadeter Mini-Zimmermann ist und von seiner Eheliebsten unbedingt getöpferte Figuren wünscht, so wird das nur gut ausgehen, wenn die Frau auch wirklich gut in der plastischen Formgebung ist. Fehlt ihr das Talent dafür, kann sie dafür aber meisterhaft Figuren aus Draht formen, die sie dann mit üppig gestickten Samtroben bekleidet, so soll diesen Figuren der Vorzug gegeben werden. Oder will man die Kinder ein gewichtiges Wort mitsprechen lassen, so wird man sich vielleicht für die kleinen Fimo-, für Filz- oder Maisstrohfigürchen entscheiden, oder aber die lieben Kleinen mit dem Aussägen von Papierfiguren beschäftigen, die auch ganz wunderschön sein können.

Überlegung 3

Diese Überlegung betrifft die nähere Umgebung der Krippe und die zentrale Frage: »Wo wird die Krippe aufgestellt?«

In vielen Haushalten ist es üblich, in der Vorweihnachtszeit eine Kommode, eine Truhe abzuräumen und dort die Krippe aufzubauen. Sowohl Kommode als auch Truhe eignen sich vortrefflich dafür, sind sie doch in der Höhe durchaus passend. Die Idealhöhe zur Aufstellung einer Krippe beträgt 120 cm ab Fußboden. Alles, was wesentlich von dieser Norm abweicht, hat Nachteile. Steht die Krippe zu niedrig, sieht man nicht in den Stall, die Höhle, den Tempel hinein und den Figuren schaut man nur von oben auf den Kopf. Ist die Krippe zu hoch hinaufgestellt, so ist sie schwer zugänglich und verfehlt so ihren eigentlichen Zweck, Mittelpunkt des vorweihnachtlichen Familienlebens zu sein.

Die Platzfrage ist also ein Zentralproblem, insbesondere bei der Beengtheit heutiger Wohnungen. So werden Sie sich z. B. sicher nicht den Luxus leisten können, viele große Rupfenfiguren aufzubauen, wenn der vorhandene Platz vielleicht nicht mehr als 80 Quadratzentimeter mißt. Sie werden sich für eine andere Art der Figuren entscheiden müssen. Es werden in diesem Buch eine solche Fülle von Anregungen gegeben, die es Ihnen erlauben sollte, Figuren für den großen wie für den kleinen Raum zu machen. Und wer es ganz winzig haben muß, kann immer noch zu einem weihnachtlichen Halbrelief aus Salzteig Zuflucht nehmen, das nicht größer als 10 × 10 cm ist.

Das gleiche gilt natürlich auch dann, wenn Sie Krippenfiguren als Weihnachtsgeschenk machen. Auch da muß den Platzverhältnissen, diesmal des Beschenkten, Rechnung getragen werden. Besser ist es, man plant für einen beengten Raum und hält sich in den Größenordnungen zurück, als man schießt damit übers Ziel hinaus.

Überlegung 4

Ein weiterer Gesichtspunkt, der überlegt sein will, ist die Frage der Kosten. Wenn man die Selbstherstellung der Krippenfiguren einmal ausklammert, so kann man da böse Überraschungen erleben. Gute, qualitätsvolle geschnitzte Figuren hatten immer schon und haben auch heute einen enormen Preis, den sich längst nicht jeder leisten kann und will. Andererseits widerstrebt es den meisten von uns, zu minderwertiger oder gar kitschiger »Ware« Zuflucht zu nehmen, die es im Spielzeughandel, aus billigem Plastik gefertigt, zu kaufen gibt. Diesen Figuren fehlt jegliche persönliche Note; und genau das ist es, worauf es besonders ankommt, soll sich doch jede Krippe von der anderen unterscheiden.

Gerade unter Jugendlichen herrscht heute wieder ganz stark der Wunsch nach einer eigenen kleinen Krippe. Für sie speziell, die ja in den meisten Fällen über so gut wie gar kein Geld verfügen, haben wir diesem Buch einen Anhang mit Papierfiguren angehängt, die der junge Mensch ausschneiden, auf Karton aufkleben und damit seine Krippe besiedeln kann, was ihn rein gar nichts kostet. Die Tatsache, daß ein bekannter Tiroler Künstler die Entwürfe geschaffen hat, schließt von vornherein aus, daß Kitsch Einzug in das Krippenschaffen der jungen Leute halten kann.

Unsere Papierfiguren auszuschneiden und aufzukaschieren, ist wohl der preiswerteste aller Vorschläge. Aber auch z. B. Salzteig ist eine ausgesprochen billige Masse, besteht er doch nur aus Salz, Mehl und Wasser. Und was für reizende Sachen man daraus machen kann! Die kleinen Filzfigürchen sind gleichfalls, für Kinder erdacht, ganz billig, können aber doch einer Jugendkrippe ihr besonderes Flair geben.

Daß man auch anders »kann«, zeigen Ihnen andere Figurenvorschläge dieses Buches. So ist z. B. die Nachbildung einer barocken Krippe eher kostspielig und aufwendig, haben doch gute Köpfe, Arme und

Beine ihren Preis, ganz zu schweigen, wenn man darauf besteht, den Engeln echtglanzvergoldete Flügel zu geben und den Königen üppige Samtgewänder, die man mit Goldborten besetzt und mit Gold- und Silberfäden reich bestickt.

Überlegung 5

Die meisten Materialien werden Sie ohne weiteres und leicht käuflich erstehen können, bei anderen wird das Zusammentragen und Beschaffen etwas schwieriger werden. Ich habe mich bemüht, Ihnen vor allem bei den aufwendigen Figuren eine Einkaufsliste anzugeben, nach der Sie vorgehen können. Andere Figuren, wie z. B. die Maisblattfiguren bedingen wieder andere Vorarbeiten, die schon im frühen Herbst einzusetzen haben. Wie auch immer; mein Rat: beginnen Sie rechtzeitig mit den Arbeiten und legen Sie sich vor Beginn alles zurecht, was Sie benötigen werden. Nichts ist lästiger als ein dauerndes Von-der-Arbeit-Wegrennen, um neues Material zu kaufen, oder suchen zu gehen.

Überlegung 6

Betrifft die Zahl und die Aufstellung der Krippenfiguren. Um eine »Krippe« handelt es sich schon dann, wenn lediglich die Geburtsgruppe vorhanden ist. Wenn Sie aus irgendeinem Grund nur diese machen und aufstellen wollen, ohne jeden Hintergrund, ohne jeden »Krippenberg«, so kann auch das wunderschön aussehen. So sind z. B. die Geburtsgruppen aus plastischen Massen und aus Ton, die ich Ihnen vorstellen darf, sehr ansprechend »im Alleingang«. Andere Figuren, wie z. B. die Papierfiguren, sollten mehr in größerer Masse aufgestellt werden. Haben Sie sich dafür entschieden, so darf ich Sie darum bitten, die einzelnen Figuren nicht gleichförmig über Ihren »Krippenberg« zu verteilen, sondern sie stets in Gruppen zusammenzufassen. So treten z. B. die Heiligen Drei Könige im Verband auf; sie werden von den Gefolgsmannen begleitet. Hirten stehen in Gruppen beisammen, oder aber ein Hirt wird inmitten seiner Schafherde gezeigt. Leere Räume, Zwischenräume, sind absolut notwendig, um die Fixpunkte des Geschehens zu betonen.
Schieben Sie die Figuren Ihres »Berges« so lange hin und her, bis Sie den optimalen Eindruck erreicht haben, und geben Sie sich nicht mit der ersten flüchtigen Anordnung zufrieden. Nur so können Sie zu einem bestmöglichen Ergebnis kommen.

Die Figuren einer gekleideten Original-Barock-Krippe und ihr »Innenleben«

Wenn Sie diesen Titel lesen, werden Sie sich vielleicht denken, »wen interessiert denn heute schon, wie das Innenleben von Barockfiguren ausschaut?«. Dazu können wir Ihnen verraten, daß es gerade heute wieder, wo man in Nostalgie schwelgt, eine große Zahl von Leuten gibt, die sich unbedingt solche Figuren machen wollen. Einige von ihnen, von denen wir Kunde erlangt haben, sind gerade mit den entsprechenden Restaurierungsarbeiten alter, bestehender Krippen beschäftigt, andere komplettieren eine Barock-Krippe, während wieder andere ein solches aufwendiges Kunstwerk zur Gänze selbst schaffen wollen. Sie scheuen nicht vor den Mühen und Kosten einer derartigen Produktion zurück. Für alle, die sich daran wagen wollen, eine wirklich aufwendige Krippe im alten Stil zu basteln, ist dieses Kapitel geschrieben.

Wohl kaum eine andere Krippenart, die uns von unseren Vorfahren überkommen ist, weist einen derartigen Pomp auf wie gerade die barocke. Wir meinen hier nicht die geschnitzten Figuren dieser Zeit, sondern jene anderen, die man mit dem Fachausdruck »Gekleidete Krippe« nennt.

Wir hatten das große Glück, eine solche Krippe ausfindig zu machen, untersuchen und photographieren zu dürfen, und das noch viel größere Glück, in den Beständen des Besitzers eine halbentkleidete Figur zu entdecken, die wir total zerlegen durften, um all ihren Geheimnissen auf die Spur zu kommen. In einem Kästchen am Dachboden fanden sich dann noch Einzelteile wie Arme, Beine und Kopfbedeckungen, die wir gleichfalls für Sie photographierten.

Nun, was ist zunächst einmal das am meisten Ins-Auge-Springende, das über diese Art gekleideter Barock-Krippen zu sagen ist? Am auffälligsten ist der Figurenreichtum, die Größe der Figuren und ihre äußere Ausschmückung. Natürlich werden Sie, wenn Sie ans Basteln einer nachempfundenen Barock-Krippe herantreten, nicht gleich auf Anhieb so viele Figuren zustande bringen. Sie werden sich zunächst an einfacheren Figuren, vielleicht den Hirten, versuchen, dann die Geburtsgruppe machen und zuletzt das Aufwendigste, Schwierigste: die Könige. Die Größe der Figuren muß schon deshalb ein gewisses Ausmaß erreichen, weil es technisch unmöglich ist, auf kleine Figuren die entsprechenden Stoffe zu drapieren, die nun einmal – denken wir z. B. an Samt – eine gewisse Stärke haben. Wir werden uns also, wie unsere Vorgänger im Barock, auf eine Figurenhöhe von ca. 30 cm einpendeln. Das wird, wenn Sie eine vorhandene gekleidete Krippe, vielleicht eine aus dem Alpenraum, komplettieren wollen, die richtige Ausgangsbasis sein. Die äußere Ausschmückung ist sehr stark eine Frage Ihres guten Geschmacks, der in diesem Fall ein »Viel« dem »Zu viel« vorzieht, Ihres guten Geschmacks aber auch, was die Farbwahl der Stoffe und der Zutaten und ganz allgemein das aufgewendete Material betrifft. Aber auf all das kommen wir noch an gegebener Stelle zurück.

Kopf, Arme, Beine

Die schwierigste Frage bei der Beschaffung des Materials ist: wo nehme ich Kopf, Arme und Beine her?, oder wie mache ich Kopf, Arme und Beine? Für jene, die selbst mit dem Schnitzeisen umgehen können, ist es einfach: Sie gehen in der Vorweihnachtszeit in ein entsprechendes Museum oder eine katholische Kirche, in der als Schaustück eine Krippe mit geschnitzten Figuren steht. Wenn Sie in der Umgebung von

1 und 2:
Verschiedene holzgeschnitzte Beine, zum Teil mit Befestigungsdorn

Verschiedene holzgeschnitzte Arme bzw. Hände

3 und 4:
Die einzelnen Teile des Untergestells einer Original-Barock-Männerfigur

Dieselbe Figur, halbbekleidet

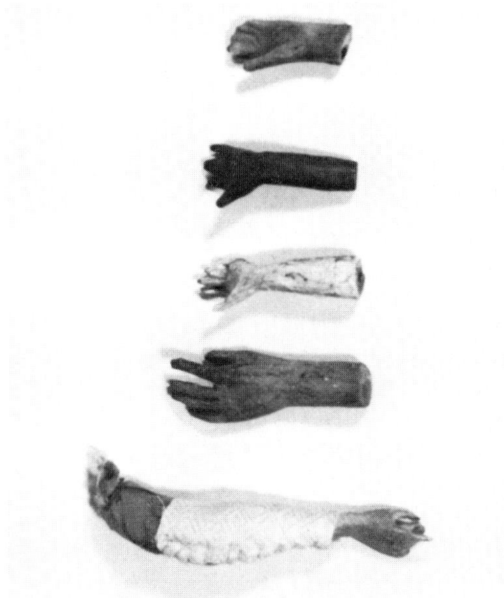

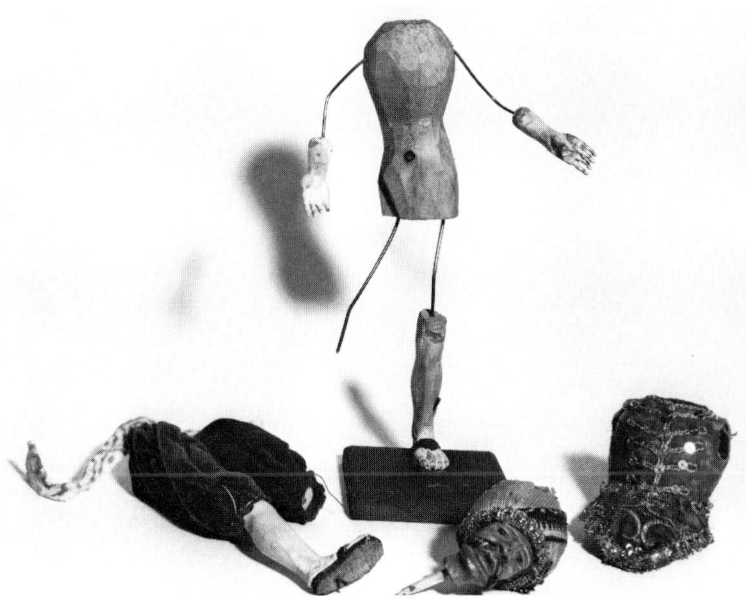

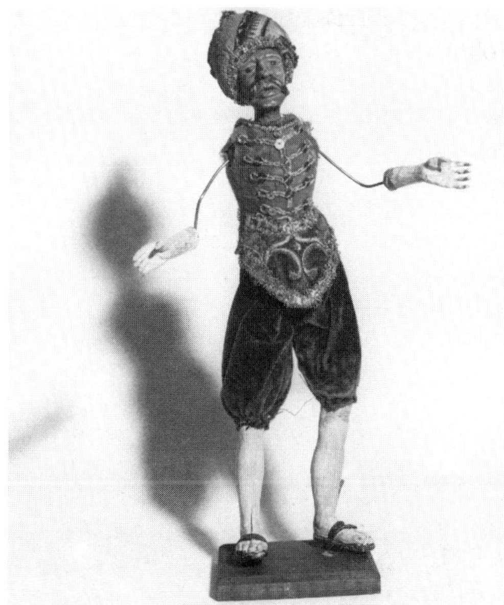

München leben oder einmal dorthin kommen, dann besuchen Sie doch unbedingt das Bayerische Nationalmuseum, das in der berühmten Schmederer-Sammlung die größte und bedeutsamste Anhäufung von Krippen aus allen Stilepochen und aus vielen Krippenlandschaften Europas ganzjährig beherbergt. Dort können Sie sich »Ezzes« holen für das Aussehen der zu schnitzenden Köpfe, wenn es Ihnen auch versagt bleiben wird, in die Gesichter Ihrer Figuren winzige Glasaugen einzusetzen, wie man es im Neapel der Barockzeit getan hat. Aber Sie werden doch eine Menge Anregungen finden, auch was die Proportionen von Kopf und Körper anbelangt.
Eine Möglichkeit ist auch, von einem guten Holzschnitzer Köpfe anfertigen und gleich farbig fassen zu lassen. Wenn Sie diese Kosten schon auf sich nehmen, so öffnen Sie Ihre Geldtasche gleich noch um einen Spalt breiter und geben auch noch die entsprechenden Hände und Beine in Auftrag. Betonen Sie bitte bei den Vorverhandlungen, daß der Kopf eine Art Zapfen am Halsansatz haben muß, damit Sie ihn später am hölzernen Rumpf befestigen können. Die Arme lassen Sie mit einer waagrecht verlaufenden Durchbohrung am oberen Ende versehen, durch welche Sie einen stärkeren Draht stecken können, desgleichen bei den Beinen.
Um das Aussehen von Armen und Beinen zu bestimmen, schauen Sie sich bitte unsere Abb. 1 an, die Ihnen im Fall der Beine verschiedenes Schuhwerk zeigt, das für die Barockzeit typisch war.
Sie können, wenn Sie geschickte Hände haben, auch anders verfahren: Sie lassen sich die Köpfe schnitzen und formen sich Arme und Beine aus einer der selbsthärtenden Massen wie z. B. DAS oder was sonst in Ihren Landstrichen erhältlich ist. Auch Fimo ist dafür sehr geeignet. Diese Masse kann im Backrohr gebrannt werden. (Über Fimo hören Sie ausführlich in einem späteren Kapitel.) Auch beim Selbermachen der Gliedmaßen darf auf das querliegende Loch nicht vergessen werden. Ein Draht der entsprechenden Länge wird dann jeweils zwischen die beiden Arme bzw. Beine gefügt.

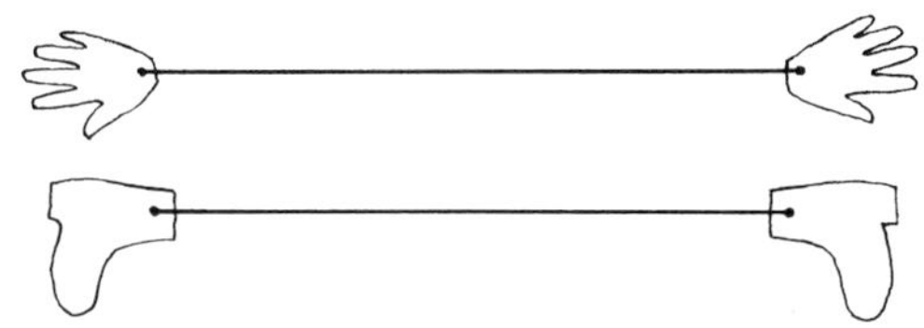

Eine andere Möglichkeit, zu Köpfen und Gliedmaßen zu kommen, bieten die Christkindlmärkte mit ihren Wachsbuden an. In diesen haben wir schon recht hübsche Köpfe gesehen, in den verschiedensten Größen und Ausführungen. Es bleibt Ihrer Findigkeit überlassen, da die rechte Auswahl zu treffen. Die Köpfe, die wir meinen, sind entweder aus Wachs bossiert und mit künstlichen Haaren – oft recht kunstvollen Frisuren – besetzt, oder sie bestehen aus einer Kunststoffmasse und sind meist in recht kräftigen Farbtönen gefaßt. Fast alle Köpfe sind so ausgestattet, daß man sie gut am Körper befestigen kann.
Wie auch immer, auf jeden Fall würden wir Ihnen raten, erst einmal die Frage des Kopfes zu lösen, ehe Sie mit dem Planen der Figur beginnen.

Männerfiguren

Nehmen wir einmal an, Sie verfügten über den entsprechenden Kopf einer Männerfigur. Nun liegt es an Ihnen, den Körper zu bauen. Bei dieser Tätigkeit können wir am besten Anleihen machen bei der Original-Barockfigur, die wir für Sie entkleiden durften. Als alle Hüllen gefallen waren, kam folgendes zutage, was Ihnen auch unsere Abb. 3 zeigt: ein Holztorso in einer Höhe von ca. 12 cm, oben an den Schultern weich geschwungen, um die Taille schmäler. Der Torso ist im Bereich der Arme quer durchbohrt; ein Draht ist hindurch gesteckt, der an jedem Ende in einer hölzernen Hand endet. Diese Anordnung von

5 und 6:
Bürger mit Wachskopf, geschnitzten Händen und Beinen

7 und 8:
„Antike" Kopfbedeckungen, zum Teil aus Pelz, zum Teil aus Stoff

Verschiedene antike Kopfbedeckungen, oben ein Männerkopf, holzgeschnitzt, mit hohem Turban

Torso, Draht und Händen gewährleistet die freie Beweglichkeit der Arme. Die Beinfrage ist etwas anders gelöst: in zwei Löcher an der Unterseite des kleinen Torsos sind zwei einzeln verlaufende, ziemlich starke Drähte eingezogen, die an ihrem unteren Ende die hölzernen Beine (etwa ab dem Knie) tragen. Die Beine selbst haben, wie Sie aus der Abb. 1 ersehen, am unteren Ende einen abgezwickten Nagel, den man in das kleine, grüngestrichene Holzbrettchen drückt, das der Figur das Standvermögen gibt. Diese Brettchen sind immer noch das Beste dafür; wenn man auf sie verzichtet, muß man der Figur entweder etwas in die Hand geben, das quasi ein »drittes Bein« darstellt, oder man muß die Standfestigkeit durch weite Gewänder erzielen, auf die wir noch zu sprechen kommen werden.
Abb. 3 zeigt Ihnen die auf einem Bein stehende Rohfigur, links daneben das zweite Bein mit der daran haftenden schmalen Kniehose, rechts vorn den Kopf mit Turban, schräg dahinter das kleine Wams. Die nächste Abb. 4 zeigt die gleiche Figur nun schon kompletter: der Kopf wurde mittels Stift in den Torso gesteckt, diesem wurde das fertige Wams übergezogen, desgleichen die Kniehose. Wenn diese Figur noch eine Art Kaftan oder Hemd angezogen bekommt, und einen Mantel oder Umhang erhält, ist ein Gefolgsmann für die Heiligen Drei Könige fertig.

Der Hirte

Ganz ähnlich können Sie verfahren, wenn Sie einen Hirten machen. Dessen Kopf wird natürlich kein Turban zieren, sondern vielleicht eine kleine Lederkappe, die wir aus einem zusammengezogenen schmalen Stoff- oder Lederstreifen nähen, oder ein Filzhut. Unsere Abb. 7 zeigt Ihnen einige solcher antiker Kopfbedeckungen. Die Filzhüte kann man auf zweierlei Art machen: Entweder man schneidet eine runde Krempe zurecht und hebt das Innere als Kopfoberteil auf. Die Kopfhöhe erzielt man durch ein entsprechend hohes und langes Filzband. Alle diese Näharbeiten führen wir von Hand aus. Diesem Hut kann man ein schmales farbiges Band aufsetzen, zum Schluß auch noch eine winzige Feder (Kanarienvogel oder Sittich). Die andere Art ist folgende: wir suchen uns einen runden Gegenstand, der genau die Maße des Kopfes unserer Figur hat, also einen kleinen Gummiball, ein Ei oder dergleichen, und überziehen diese mit dem Filz, den wir vorher in Leimwasser (Tischler- oder Weißleim) getränkt und ausgewunden haben. Wir legen den Filz auf die kugelige Fläche und dehnen und ziehen so lange nach unten, bis wir es erreicht haben, daß der Filz nach den Seiten krempenartig absteht. Wir lassen das Ganze gut trocknen und schneiden dann den Filz rund aus. So eine Art Hut trägt die Figur unserer Abb. 5.
Lassen Sie uns doch noch ein Weilchen bei dieser liebenswerten Figur verweilen. Sie sehen die hübsche Armhaltung, die durch den Draht im Inneren erzielt wird. Sie sehen ferner, daß die Figur auf ihrem Brettchen fest steht. Und Sie sehen die hübsche Kleidung, die aus folgenden Einzelstücken besteht: einer Kniehose aus dunkelbraunem feinem Leder, einer Art Weste, einer langen Jacke, einer breiten Bauchbinde und einem weiten Kragen. Der Mann trägt eine kleine Umhängetasche aus schwarzem Leder.
Hier ist nun die Stelle, wo das Loblied feinen *Leders* zum Figurenbasteln gesungen werden soll. Es wird Ihnen ohne weiteres einleuchten – wir hören darüber auch in anderen Kapiteln –, daß Sie zum Bekleiden der Figuren keine stark fransenden Materialien verwenden sollten, oder wenn Sie es tun, diese entweder abfüttern oder mit Borten einfassen. Das alles fällt weg, wenn Sie ein absolut nichtfransendes Material verwenden. Als solche kommen nur Filz und Leder in Betracht. Filz ist in vielen Fällen zu grob und ungeschmeidig, als daß man es für künstlerische Figuren verwenden könnte. Anders ist es bei Leder. Dieses gibt es in sehr schöner, dünner Qualität und weichen

Tönen als Reste zu kaufen. Wir würden Ihnen raten, auf jeden Fall die (Knie-)Hosen aus braunem oder schwarzem Leder zu machen, aber auch Gürtel und Jacken. Besonders Hirten und das Gefolge der Heiligen Drei Könige sehen in solchen Gewändern sehr gut aus.
Nachdem kein Mensch erwarten wird, daß man Ihre Krippenfiguren ausziehen kann, arbeiten Sie der Einfachheit halber an der Figur. Das heißt, Sie schneiden und nähen die beiden Hosenröhren aus dem Leder zu, ziehen sie der Figur über die Beine und nähen die Schlitze zusammen. Wenn Sie unten die Beinbündchen fein zusammenziehen und das gleiche oben beim Hosenbund machen, haben Sie zunächst schon ein wichtiges Werk getan. Gleich wie bei den Hosenröhren verfahren Sie bei den Ärmeln, die Sie so lang schneiden (oben ein wenig offen lassen!), daß Sie sie ein Stückchen über den Torso ziehen und dort festnageln oder -kleben können. Ein Stückchen weißer Stoff, vorn auf die Brust gelegt, täuscht ein Hemd vor. Der Mantel selbst ist eigentlich nur ein Fleck, in den die Einschnitte für die Arme gemacht wurden. Wichtig bei diesem Fleck ist das genaue Maßnehmen Ihrer Figur. Der Mantelteil kann an den Schultern zugenäht werden, ehe man ihn überstreift oder aber direkt an der Figur auch später. Ein großer weißer Kragen aus feinem Baumwollstoff, aus Popeline oder aus Spitze kann der ganzen Figur den bestimmten Charakter geben, desgleichen der Bauchgurt (»Ranzen«). Einen ganz besonderen alpenländischen, allerdings original-antiken »Ranzen« trägt die Männergestalt Abb. 6. Dieser Bauchgurt ist mit vielen Metallnieten besetzt, in einer Technik, deren sich die Ranzenmacher der Alpenländer heute noch bedienen. Für Sie wird es einfacher sein, dem Bauchgurt eine Borte aufzusetzen, etwas drauf zu sticken oder dgl.
Unser Mann mit dem »Ranzen« zeigt außerdem noch eine besonders liebevolle Gestaltung der Kniestrümpfe. Sicher haben Sie einen ausgedienten wollweißen Pullover, den Sie dafür zerschneiden können. Die beiden Röhren sind einfach gemacht. Am oberen Rand sind sie mit grünen Wollfäden zusammengehalten.
Sie sehen, die Männerfiguren – abgesehen von den Königen – kann man alle nach einer »Masche« machen und sie untereinander durch die Kleidung unterscheiden. Sehr hübsch und echt sehen auch umgehängte Felle oder kleine Fellwesten aus. Dafür sollte man sich recht dünne Fellreste wie Persianer, Breitschwanz, Fohlen usw. besorgen. Wichtig bei der Auswahl ist nicht nur die Struktur des Felles und seiner Farbe, sondern auch die Schmiegsamkeit. Ein übergeworfenes Fell bei einem Hirten kann unter Umständen eine etwas mangelhaft ausgeführte sonstige Kleidung verdecken.

Madonna und Jesuskind

Besonderes Augenmerk sollten Sie der Gottesmutter zuwenden, ist sie doch neben dem Jesuskind der eigentliche Mittelpunkt des Geschehens. Auch ihr Inneres besteht aus einem hölzernen Torso mit den entsprechenden Drähten für Arme und Beine. Um der ganzen kleinen Gestalt einen richtigen Körper zu geben, umwickeln wir die Drähte mit schmalen Streifen aus Baumwolltrikot, Werg oder Wolle so lange, bis so etwas wie Oberarme und Schenkel entstehen. Erst dann beginnen wir mit dem Einkleiden. Der erste Schritt dabei gilt der Überlegung: soll sie stehen, sitzen oder knien? Nachdem wir uns vom Kleid bzw. Mantel die Erzielung der Standfestigkeit erwarten, müssen wir sie, dahin ausgerichtet, zuschneiden. Soll die Gestalt z. B. am Boden kauern, muß der Rock weiter geschnitten sein, als wenn sie steht. In vielen Fällen stellt man einen winzigen hölzernen Hocker auf, auf welchen man die Figur setzt. Dann können Rock und Umhang von mittlerer Weite sein.
Zweckmäßig ist es, der Madonna zunächst eine Art Untergewand oder Hemd anzuziehen, das bis zum Boden reicht. Es kann aus einem fließenden Material

9 und 10:
Ein Herold- oder Glorienengel in steifer Haltung

Der Mohrenkönig, eine der prächtigsten Gestalten der Barockkrippe. Sein Übergewand ist reich bestickt und mit Perlchen besetzt, gleichfalls der Turban

bestehen wie reiner Seide oder einem sehr weichen Baumwollstoff; es sollte so schmiegsam sein, daß man die Enden einschlagen und mit feinen Stichen versäubern kann. Bitte keine Fransen stehen lassen! Sehr wichtig ist die Wahl der Farbe, besonders bei dem darüber geworfenen Umhang, den man meist so faltet und legt, daß er auch den Kopf einhüllt. Soll die Figur in stehender Haltung eingesetzt werden, kann man dem Mantel eine kleine Schleppe geben, die allerdings, wenn sie von vorn einsichtig ist, gefüttert werden sollte. In so einem Fall kann man auf das Standbrettchen verzichten, denn es ist ohne weiteres möglich, zwischen die beiden Stoffteile einen dünnen Draht einzulegen, der den Schwung des Gewebes mitmacht und unten so abgeplattet ist, daß die Figur darauf stehen kann. Auch dem Farbenspiel von Stoff und Futter des Umhanges kommt große Bedeutung zu. Für die meist ziemlich weiten Ärmel des Untergewandes, die man erst knapp vor dem Auflegen des Umhanges anbringt, kann man Stickereistoffe, Spitze oder Tüll (alte Vorhänge) in Weiß oder Elfenbeinfarben verwenden. Auch ein Kragen, zum Teil unter den Umhang geschoben, aus diesem Material gefertigt, kann sehr hübsch wirken.

Das *Jesuskind* wird man am besten auf dem Christkindlmarkt oder im einschlägigen Fachhandel kaufen (Wachsziehereien). Es gibt sehr reizvolle Figuren aus Wachs und solche aus Kunststoffmasse in den verschiedensten Größen. Bitte achten Sie beim Wählen genau auf die Proportionen Kind: Erwachsener.

Die meisten Jesuskinder liegen bereits in einer Art kleinem Futtertrog. Wenn nicht, sollte man sich einen solchen aus kleinen Holzbrettchen basteln und mit Strohhälmchen auslegen.

Die Engel

Die Engel werden ähnlich gemacht wie die Muttergottes, sofern Sie nicht ausgesprochene »Heroldengel«

basteln wollen, wie unsere Abb. 9 zeigt. Diese Art Engel ist für die barocke Krippe typisch. Man sagt ihnen nach, daß sie den Läufern der Fürsten- und Königshöfe nachgebildet wurden und daher so viel Prunk aufweisen. In der Tat stehen sie in puncto Material und Auszier der Gewänder in nichts den Königen nach. Die im Fall unserer Engel angewandten Materialien sind Samt in verschiedenen Farben und Brokat, vermehrt um reiche Goldborten. Die Manschetten der Ärmel bestehen aus Spitze, ebenso der Kragen. Um den aus Samt bestehenden Rock recht steif und weit abstehen zu lassen, hat man sich eines Tricks bedient, der auch bei den barocken gekleideten Königen Anwendung fand: man hat den Samt rückwärts mit Papier hinterlegt, das man mit der nachfolgenden Stickerei mit Gold- und Silberfäden vielfach festhielt. Zusätzlich waren die Gewänder noch mit kleinen Perlchen besetzt; oft nähte man auch eine Art »Bouillon« auf. (Das sind jene feinen, zu Spiralen gedrehten Goldfäden, die man auch heute noch im süddeutschen Raum und in Österreich zur Anfertigung von Gewürzsträußlein verwendet.) Das sind alles Materialien, die man auch heute noch erhält, weshalb es gar nicht so schwierig ist, einen solchen Engel nachzubasteln. Die Flügelfrage kann man ja anders lösen – beim vorliegenden Original-Barockengel sind die Flügel geschnitzt und vergoldet. Sie können aber auch ohne weiteres Flügel aus Metallfolie oder Goldpapier anbringen.

Die Heiligen Drei Könige
Ähnliches Material wie die Heroldengel benötigen die Heiligen Drei Könige, von denen wir den schwarzen für unsere Abb. 10 ausgewählt haben. Er steht auf strammen Beinen auf seinem Brettchen, trägt einen phantasievollen Turban auf dem Kopf und ist prächtig in Samt und Brokat gekleidet und hält kleine Geschenke in seinen Händen. Seine Kleidung besteht aus einem farbenfrohen Untergewand und einem reich mit Goldborten besetzten Samtmantel. Der Turban paßt sich farblich an. Die Abb. 8 zeigt Ihnen aus dem Fundus des Krippenbesitzers ein paar morgenländische Kopfbedeckungen, wie z. B. (oben) einen Kopf mit Turban mit aufgesetzter Spitze.
Ein kurzes Wort wollen wir an dieser Stelle noch verlieren über die – »finimenti« genannten – winzigen Zubehörteile barocker Krippen. Was auf diesem Gebiet vor allem die Italiener geleistet haben, ist geradezu unglaublich. Da gab es einmal all die vielen kleinen echtgoldenen und silbernen Platten, Schüsseln, Becher, Pokale usw., die in eigenen Fabriken in Augsburg und Genua erzeugt wurden. Sie stellten die Gaben der Heiligen Drei Könige dar und waren oft in überreicher Zahl vor dem Jesuskind ausgebreitet. Andere »finimenti« waren aus Ton geformt und noch erstaunlicher. Da gab es nicht nur Körbe mit Obst und Fischen, Eiern, Wurstkränzen, sondern ganze, der Wirklichkeit genauestens nachempfundene Schweinehälften, Rebhühner, sonstiges Geflügel usw. Wenn Sie in München ins Bayerische Nationalmuseum kommen und die Krippenschau besuchen, versäumen Sie nicht, diesen liebenswerten kleinen Dingen Ihre Aufmerksamkeit zu schenken.
Natürlich kann man diese Gaben an das Christkind heute nicht mehr in dieser Perfektion und Vielfalt nachvollziehen, man kann aber z. B. aus Fimo ganz entzückende kleine Körbchen machen und diese mit kleinwinzigem Obst, Eiern und Würsten füllen. Auf jeden Fall wirken auch diese modernen »finimenti« in einer Krippe sehr liebevoll. Sie müssen sich nur davor zurückhalten, diese kleinen Dinge in allzu grellen Farben leuchten zu lassen; besser ist es, sie aus weißem Fimo zu machen und in gedeckten Farben zu bemalen.

Hier zum Abschluß noch ein letztes Wort zum Thema *»Farbe«*. Die uns erhaltenen Original-Barock-Krippen sind durch Patina verfärbt. Ihr ursprünglicher

Farbzustand wird also ein wesentlich grellerer gewesen sein. Wenn Sie mit heutigen Materialien eine Barock-Krippe basteln wollen, müssen Sie also diesen grelleren Zustand akzeptieren und damit spekulieren, daß der Schmelz der Zeit sich darauf ablegen wird. Sie können aber auch Ihre Materialien vorbehandeln, also z. B. Stoffe mehrmals waschen und sie der Witterung aussetzen, sie also ein paar Tage oder auch Wochen bei Sonne, Wind und Regen auf der Trockenleine im Garten oder am Balkon aufhängen. Sie werden staunen, wie das grelle Farben dämpft. So kann man auch verfahren, wenn man drangeht, eine originalgekleidete Krippe zu restaurieren.

Wenn Sie sich drübertrauen, eine Barock-Krippe nachzubauen, können Sie sicher sein, daß sich damit etwas ganz und gar Exklusives in Ihrem Besitz befindet.

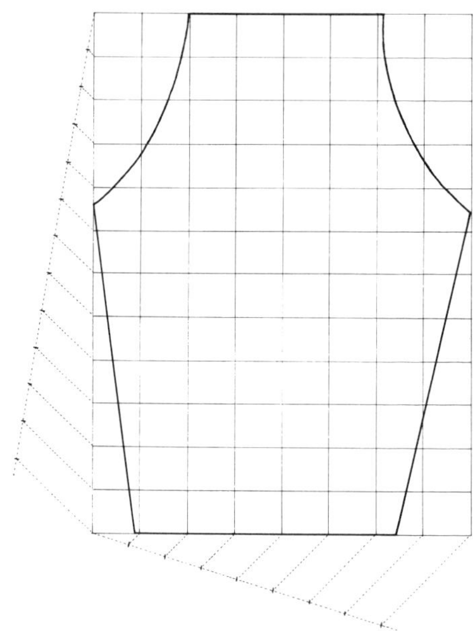

Hosenschnitt: Die Kästchen des Rasters müssen entsprechend vergrößert bzw. verkleinert werden

Figuren einer dem Barock nachempfundenen Krippe

(Figurenhöhe 20 – 25 cm)

Im vorangegangenen Kapitel über die Original-Barock-Krippe habe ich Ihnen gesagt, es gebe heute schon wieder eine Menge Leute, die derartige Figuren nachempfinden. Den Beweis für diese Behauptung mögen Sie in diesem Kapitel finden, das sich mit einer solchen Kopie befaßt, die noch dazu so gut gelungen ist, daß sie einen Vergleich zur Original-Barock-Krippe nicht zu scheuen braucht. Allerdings hat die Dame, die sie gemacht hat, die Arbeitsstunden nicht gezählt, die sie allein für die Kleidung der Figuren aufgewendet hat, noch hat sie die Ausgaben berechnet, die ihr aus dem Ankauf des Materials entstanden sind. Allein die Köpfe, Arme und Beine haben, da es sich insgesamt bei dieser Krippe um sage und schreibe 37 Einzelfiguren handelt, ein »kleines Vermögen« gekostet. Sie hat, wie Sie unschwer den Abbildungen entnehmen können, nur das Beste vom Besten gekauft, und das durch die ganze Beschäftigung mit diesen Kopien folgerichtig durchgezogen. So sind die kleinen Gestalten nicht nur in reine Seide und Samt gekleidet, die überdies reich mit Gold- und Silberfäden bestickt wurden, sie verfügen über echte Spitzenjabots und -ärmel; die Kleider sind mit Goldpailletten und Borten besetzt. Kurzum, die Figuren sind auf das Prächtigste herausgeputzt; allen voran natürlich die Heroldengel und die Heiligen Drei Könige. Verhältnismäßig schlicht sind hingegen Maria und Josef, wobei die Gottesmutter einmal zur Abwechslung das Jesuskind am Schoß hält, in ihren üppigen Schleier gewickelt.

Das Hervorstechendste an diesen Figuren ist die Stikkerei der Samtgewänder, die mit Gold- und Silberfäden ausgeführt wurde. Die Ornamente sind, ganz im Stil der althergebrachten Paramentenstickerei, in Flachstich gestickt, wobei mit größtmöglicher Ausdauer ein Stich neben den anderen gelegt wird, so lange, bis das vorgezeichnete Ornament ausgefüllt ist. Es ist mir gelungen, einige dieser Ornamentzeichnungen zu beschaffen – ich möchte sie Ihnen nicht vorenthalten. Sie sehen sie, zusammen mit einigen, zum Teil verkleinerten Schnitten, auf der Schnittseite. Außerdem sehen Sie die reiche Stickerei auf unseren Abb. 11 und 12. Sie werden selbst zugeben, diese Krippe steht in nichts den Original-Barock-Krippen nach. Am ehesten sieht man den Unterschied an den Flügeln der Heroldengel, die aus mattem Goldpapier bestehen, während sie bei der echten Barock-Krippe geschnitzt und glanzvergoldet sind.

Die Skelette dieser sehr reizvollen Figuren werden genauso gemacht, wie ich es Ihnen in dem Kapitel über die gekleideten Figuren erklärt habe. Besonderer Wert wurde auf die körpergerechte Umwickelung des Drahtgestelles gelegt, was zur Folge hat, daß die Kleidung optimal auf dem Untergrund aufliegt und absolut naturgetreu wirkt. Die Füße stecken in vielen Fällen in ledernen Schaftstiefeln, die Heroldengel tragen Schuhe in Goldleder.

11 Einer der Heroldengel. Bemerkenswert die gestickte Kleidung und die federgeschmückte Kopfbedeckung

12 Der auf dem Kamel reitende König. An der Satteltasche hängt ein kleines Kästchen

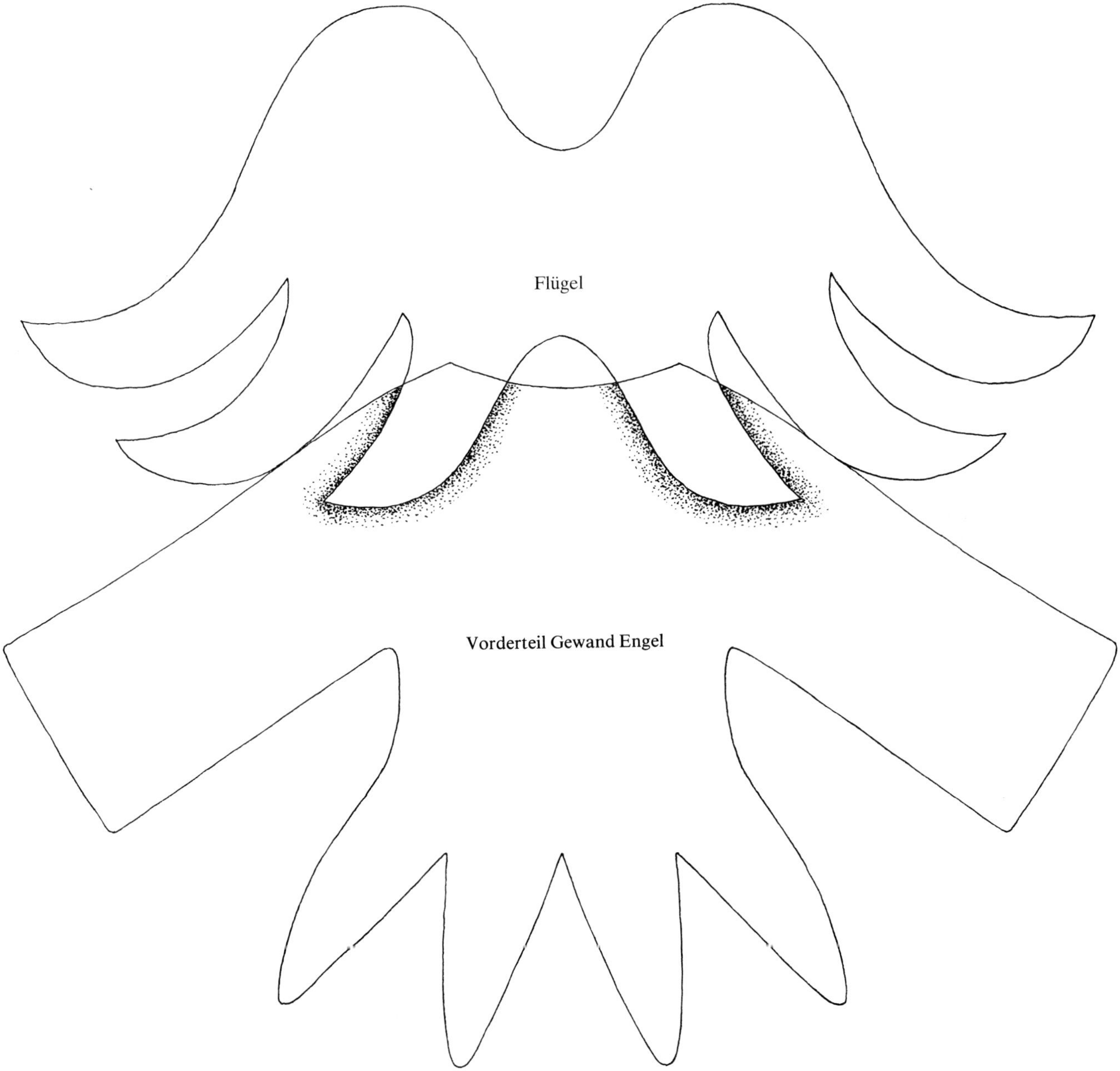
Flügel
Vorderteil Gewand Engel

Stickerei für einen Mantel

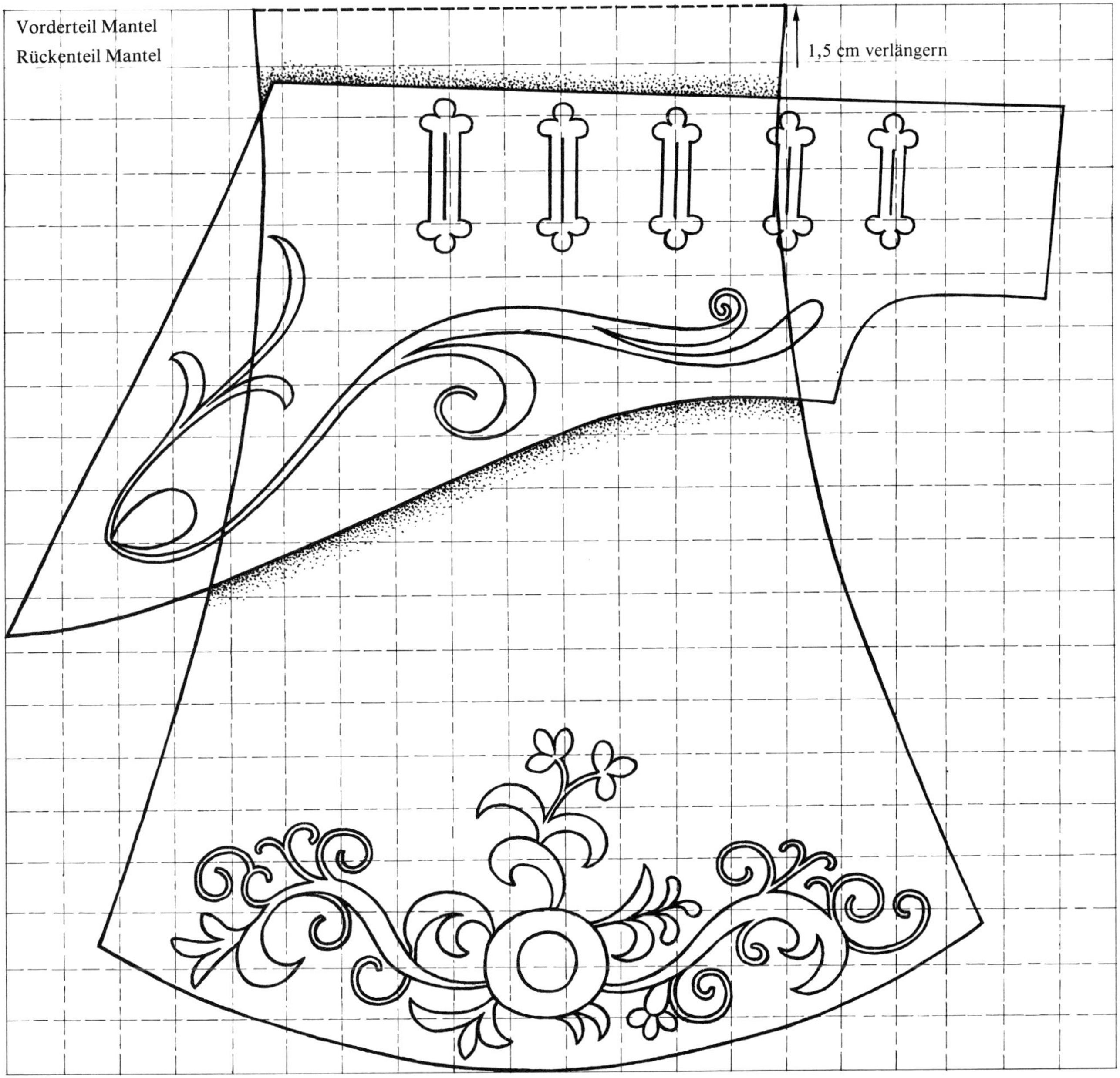
Vorderteil Mantel
Rückenteil Mantel
1,5 cm verlängern

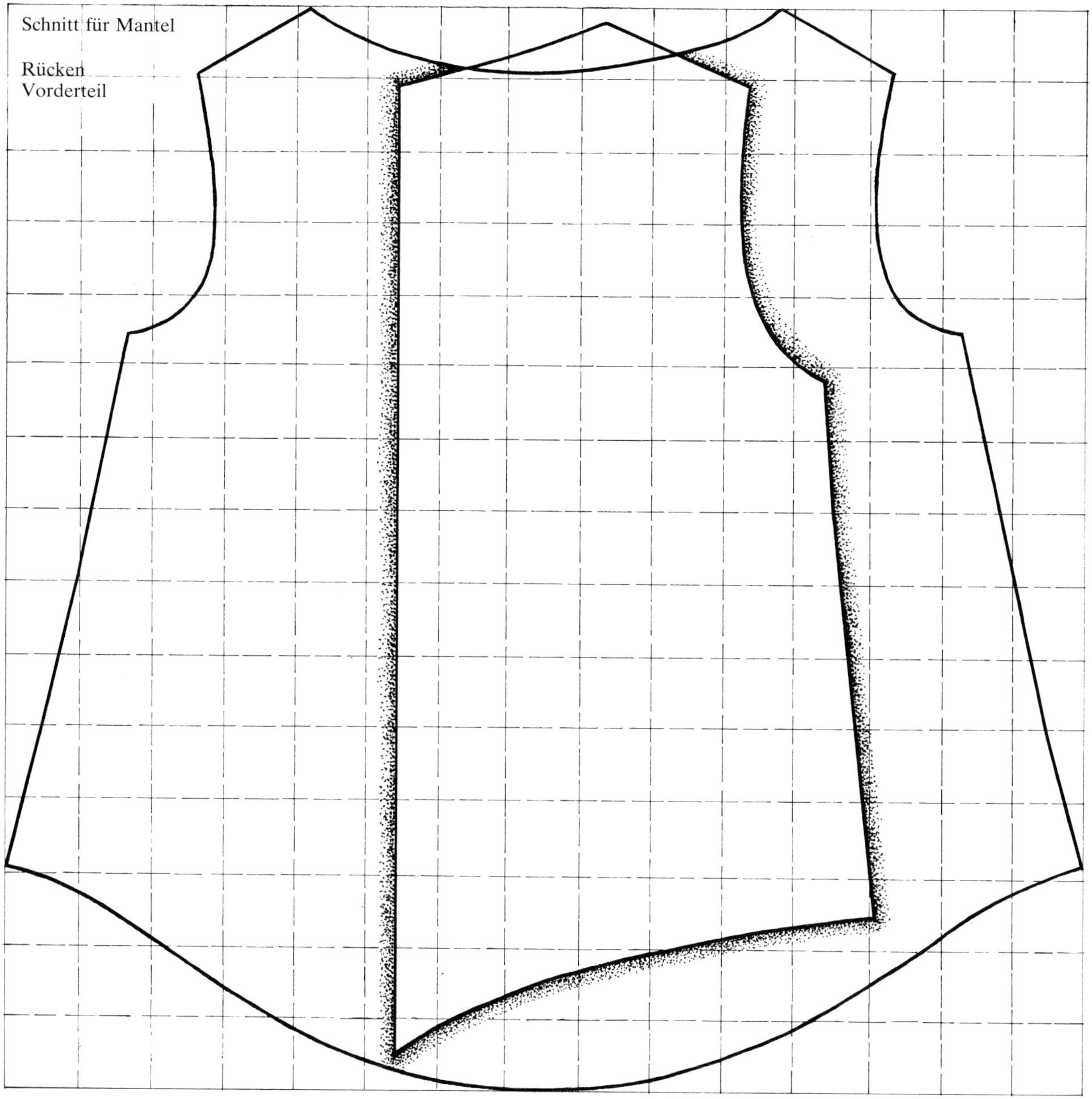
Schnitt für Mantel
Rücken
Vorderteil

Gekleidete Figuren nach herkömmlichem Muster

(Figurenhöhe 15 – 22,5 cm)

Die Anleitungen zur Fertigung der in diesem Kapitel beschriebenen gekleideten Figuren verdanken wir Altabt Konrad Lechner im Kloster Neustift bei Brixen (Südtirol), dem Altmeister alpenländischen Krippenschaffens. Unter den gekleideten Krippenfiguren der Neuzeit sind die von ihm hergestellten noch immer die trefflichsten und die im Detail am liebevollsten ausgearbeiteten, wie unsere Abbildungen zeigen. Aber selbst wenn Sie es als zu mühsam empfinden sollten, einem alten Hirten Ihrer Krippe eine winzige Harfe auf den Rücken zu bürden, wie der Abt es getan hat, und Sie sich lieber mit leichter herzustellenden Details zufriedengeben, sollten Ihnen doch die Lechner-Figuren ein leuchtendes Vorbild sein.

Zwei Vormittage lang durften wir Gäste des Abtes Lechner sein, der uns in alle Herstellungsgeheimnisse seiner Figuren einweihte. Wir waren umso glücklicher über dieses in uns gesetzte Vertrauen, als uns bei dem Zusammensein mit dem Dreiundachtzigjährigen eines klar wurde: es würde geradezu eine kulturelle Tat bedeuten, das enorme Wissen und Können dieses Mannes weiterzugeben und damit künftigen Geschlechtern von Krippenbauern und Figurenmachern zu erhalten. Zwar hat Abt Lechner bis vor einigen Jahren Kurse im Kloster Neustift abgehalten, in denen Frauen des Ortes in die Geheimnisse des Figurenmachens eingeweiht wurden, aber naturgemäß blieb die Zahl der Teilnehmer gering. Wir erwarten uns von dieser vorliegenden Publikation, daß durch sie das Lechnersche Wissen größere Verbreitung findet, zumal die von ihm gebastelten Figuren sowohl für eine heimatliche als auch eine orientalische Krippe zu verwenden sind.

Wir sind uns durchaus im klaren darüber, daß es nur wenige unter Ihnen geben wird, die sich den Anleitungen Lechners gemäß Köpfe, Arme und Beine ihrer Krippenfiguren selbst herstellen werden; wahrscheinlich aber werden sich Krippenschaffende darauf stürzen, die in größerer Gruppe miteinander arbeiten, also in erster Linie Teilnehmer von Krippenkursen. Für sie haben wir dieses Kapitel so ausführlich gestaltet. Wenn sich gelegentlich ein »Einzelgänger« dazu entschließt, Lechner-Figuren bis ins letzte Detail genau zu kopieren, also auch Köpfe, Arme und Beine selbst herzustellen, soll uns das umso mehr freuen.

Wodurch zeichnen sich nun die Lechner-Figuren besonders aus? Sie sind relativ groß; wenn Sie die im Anschluß an dieses Kapitel abgedruckten Maßtabellen betrachten, werden Sie feststellen, daß sie von 150 bis 225 mm reichen. In einer kompletten Lechner-Krippe stehen größere Figuren im Vordergrund, die kleineren bevölkern den Hintergrund, wodurch sich eine zusätzliche perspektivische Wirkung ergibt. Ihnen bleibt es völlig überlassen, lediglich mit Figuren von z. B. 150 mm auszukommen. Von der Herstellung noch kleinerer Figuren raten wir dringend ab.

Die Figuren sind so gestaltet, daß sie auf das Lebhafteste agieren. Die Köpfe sind so am Körper angebracht, daß sie sich nicht nur drehen, sondern auch heben und senken lassen. Die Arme können, da ihr Skelett aus Draht besteht, gehoben, gesenkt und abgewinkelt werden. Die Figuren können gesetzt, gestellt oder gekniet werden, wodurch sich eine große Breite lebhaften Agierens ergibt.

Die Köpfe sind äußerst individuell ausgestaltet; am trefflichsten sind dem Abt die alten Männer mit ihren Stirnglatzen und würdigen Vollbärten gelungen. Hände und Füße sind zierlich und im Material (Zinn) so gewählt, daß man sie bewegen kann. So ist es z. B. durchaus möglich, eine Hand zur Faust zu ballen oder sie etwas halten zu lassen.

13 In diese Rähmchen wird der Gips gegossen

Sämtliche Maße sind ganz perfekt aufeinander abgestimmt. Es war das Werk vieler Jahre, ehe Abt Lechner die jetzige Vollkommenheit in diesem Punkt erreicht hatte. Lechner-Figuren zeichnen sich, wie wir schon erwähnt haben, durch besonders liebevolle Details aus. Da trägt der heilige Josef eine fein gestrickte Tiroler Joppe, ein betagter Hirte hält ein Paar Schuhe am langen Riemen in der Hand. Die Frauen kommen mitsamt ihrer Einkaufstasche zum Jesuskind. Man darf, wenn man derartige Figuren kopiert, nicht die Stunden zählen, man darf nur das Resultat werten. Und das wird, wenn gut und gekonnt kopiert wurde, eben »liebevoll« sein.

Kopf, Arme, Beine

Wie gehen wir nun vor, wenn wir diese Art von gekleideten Figuren herstellen möchten? Die erste Entscheidung, die zu fällen ist, ist die nach der Größe und den erforderlichen Proportionen. Dafür ziehen Sie bitte die beigefügte Maßtabelle zu Rate (S. 48, 57).

Die nächste Frage – sie stellt sich bei allen gekleideten Krippenfiguren – ist die nach Kopf, Armen und Beinen. Natürlich können Sie versuchen, in Spezialgeschäften oder auf den Christkindlmärkten wächserne Köpfe, Arme und Beine zu erwerben oder solche, die aus einer Kunststoffmasse bestehen. Wenn Sie Glück haben, werden Sie in der Ihnen vorschwebenden Größe ein oder zwei verschiedene Frauenköpfe, zwei oder drei verschiedene Männerköpfe und einen Kinderkopf antreffen, zusätzlich zum Jesulein, das es in vielen Größen gibt. (Auch Abt Lechner hat sich in seinen Krippen dieser wächsernen Jesulein bedient, einfach deshalb, weil ein Selbermachen auf zu große Schwierigkeiten stößt.) Arme und Beine aus Wachs gibt es in einigen Größen; allerdings darf nicht verschwiegen werden, daß man Hände aus Wachs nicht oder kaum biegen kann, es also z. B. unmöglich ist, eine wächserne Hand etwas richtig halten zu lassen. Gerade das aber ist durchaus möglich, wenn man sich die Hände – wie auch die Füße – selbst herstellt.

Sehr geschickt ist es, eine kombinierte Verfahrensweise anzuwenden und einen nicht allzu teuren Holzschnitzer ausfindig zu machen, der Ihnen einen Musterkopf und je ein Paar Arme und Beine schnitzt. Nach diesen Exemplaren können Sie sich dann beliebig viele Gipsabgüsse herstellen. Wenn die Gesichtszüge des Kopfes nicht allzu stark ausgeprägt sind, können Sie z. B. aus einem Frauen- einen Männerkopf machen usw. Auch bei der Ausformung der Füße, z.B. Barfüße oder Schuhwerk, ist es mölich, in kleinem Rahmen zu variieren. Was Sie aber immer beachten müssen: der Kopf muß am Halsende über ein Loch verfügen, in welches später der entsprechende Draht des Gestelles eingefügt werden kann. Ebenso müssen die Hände und Beine jeweils ein entsprechend langes Stück Draht haben.

Für alle, die einigermaßen geschickt mit dem Schnitzeisen umgehen können, wird möglicherweise die Selbsterarbeitung eines Krippenfiguren-Kopfes eine Herausforderung besonderer Art darstellen, ja vielleicht entdecken Sie gar auf diese Weise ein in sich schlummerndes Talent, von dessen Vorhandensein Sie noch gar keine Ahnung hatten.

Eine andere Möglichkeit, zu einem Modellkopf zu kommen: Sie formen ihn aus Plastilin und stellen nach diesem Abbild die Abgüsse her. Natürlich müssen Sie nicht unbedingt mit Plastilin arbeiten, sondern können ebenso gut eine der selbsthärtenden Massen verwenden, wie z. B. »Plastika« oder »DAS«. Die Vorgangsweise ist bei allen plastischen Massen die gleiche. Auch hier ist die Herstellung beliebig vieler Abgüsse möglich. Die Masse für diese Arbeit sollte nicht zu weich sein. Die Verwendung plastischer Massen hat den großen Vorteil gegenüber der Arbeit mit dem Schnitzmesser, daß man nicht nur wegschneiden, sondern auch eindrücken, ausfüllen und aufsetzen kann. Einfachheitshalber wird der Kopf inclusive Haarwuchs modelliert, außer man gibt einer Figur, z. B. der Madonna, künstlich aufgesetzte Haare.

Auf gewisse kleinere Schwierigkeiten kann die Gestaltung der Augen stoßen, die man schon dem Modell geben sollte. Abt Lechner empfiehlt, dem Modell den gläsernen Kopf einer Stecknadel als Augapfel einzudrücken.

Hat man erst einmal einen Kopf hergestellt, der natürlich proportional richtig sein muß (darüber etwas später), so kann man diesen beliebig variieren, z. B. durch Aufsetzen verschiedener Frisuren bei den Frauen, Bärten bei den Männern, durch Eindrücken der Wangen bei alten Leuten, Umformen der Nase bei Kindern usw.

Das Werkzeug, das Sie für diese Arbeit mit plastischen Massen benötigen, sind eine dicke, stumpfe Nadel und ein spitzes Messer. Wenn sie über Modellierhölzer verfügen, tun Sie sich umso leichter.

Das Gipsnegativ des Kopfes

Haben Sie das Modell des Kopfes fertiggestellt, können sie drangehen, das Gipsnegativ zu machen. Gehen wir einmal davon aus, Sie wollen sich eine Figur in der Höhe von 150 – 160 mm machen. Für noch größere Figuren müssen natürlich die Maße nach oben abgeändert werden. Um ein Gipsnegativ herstellen zu können, das wir später ausgießen können, müssen zunächst einige Vorarbeiten gemacht werden. Sie beginnen damit, daß wir uns ein Stück dickes Eisenblech besorgen mit den ungefähren Maßen 30 cm für die Länge und 15 cm für die Breite. Auf dieses wird auf einer Längsseite eine 4½ – 5 cm hohe Holzleiste aufgenagelt.

Aus einem 2 cm dicken Brettchen schneidet man sich Rahmen zurecht, wie sie unsere Abb. 13 zeigt. Die Zeichnung gibt Ihnen zusätzlich die genauen Maße an.

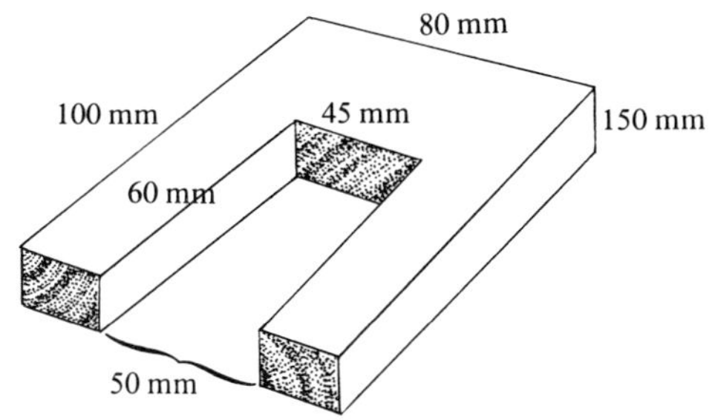

Wichtig dabei ist, daß die Öffnung des Rähmchens vorn um 5 mm weiter ist, wodurch man die gegossene Form leichter herausbekommt.

Für den Anfang sollten Sie sich etwa sechs Stück dieser Rähmchen herstellen. Sie legen sie eine Weile in warmes Öl, damit sie sich nicht so leicht verziehen.

Die Schenkel müssen vorn ganz gerade geschnitten sein, so daß sie fest an der Leiste aufliegen. Sehr gut hat es sich bewährt, wenn man Schenkel und Rähmchenkörper gesondert macht und die Schenkel mit Schrauben beweglich an dem Körper befestigt.

Das Rähmchen wird so auf das Grundblech gelegt, daß die freien Schenkelenden fest an der Leiste aufliegen, wie es Ihnen unsere Zeichnung verdeutlicht.

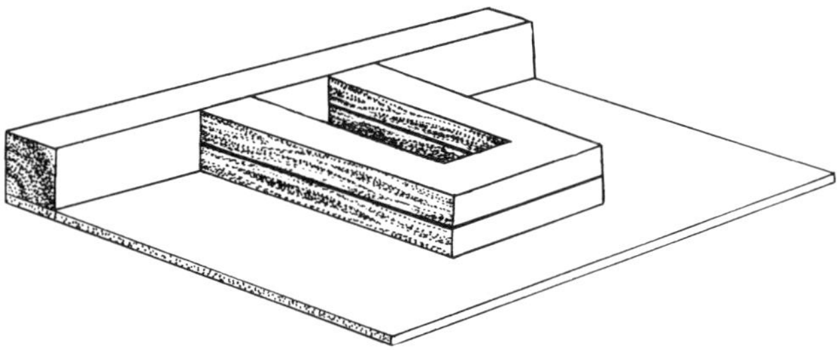

Dann richtet man sich ein kleines Gefäß, etwa einen Joghurtbecher, bei dem man ein für allemal die Wassermenge anzeichnet, die nötig ist, um mit dem darin angemachten Gips ein Rähmchen voll zu bekommen. Das spart viel Material und Zeit. Ein weiteres größeres Gefäß mit Wasser dient der sofortigen Reinigung des Gußgefäßes nach jedem Guß.

Zum Ausgießen der Rähmchen verwendet man feinen weißen Alabastergips, der möglichst frisch sein sollte, damit er gut zieht. Für die Hand- und Fußmodelle sollte man, da sie den Zinnguß aushalten müssen, jenen Gips nehmen, wie er bei den Zahnärzten Verwendung findet.

Rähmchen, Blech und Leiste werden mit Olivenöl gut eingeölt. Das Gußgefäß wird mit Wasser gefüllt und der Gips eingestreut, was unter ständigem Rühren zu geschehen hat. Sehr wichtig für einen gelungenen Guß ist die Konsistenz der Gußmasse, die noch leicht fließend, also ungefähr wie Frittatenteig sein soll. Der Hohlraum in dem Rähmchen wird randvoll gegossen. Man hält vorsichtshalber den Rahmen eine Weile an der Holzleiste fest, bis der Gips angefangen hat zu ziehen. Der richtige Zeitpunkt für das Einbetten des Kopfmodelles ist dann gekommen, wenn dieses nicht mehr einsinkt. Man streicht dem eingeölten Kopfmodell etwas Gips in die Augenhöhlen und auf die Mundpartie, damit sich in diesen Vertiefungen keine Luftblasen bilden können. Sodann drückt man es in den Gips, mit der Nase voraus. Nur das Gesicht allein darf in dem Gips stecken. Die Halsseite des Kinnes darf nicht von Gips bedeckt sein. Um sich das Auseinanderlegen der Form zu vereinfachen, kann man diesen ersten Gips mit einer Pulverfarbe tönen.

Man rührt den Kopf nicht mehr an und wartet, bis der Gips erstarrt ist. Ist dies eingetreten, kratzt man mit einem Messer zu beiden Seiten des Kopfes zwei kleine Grübchen aus dem Gips, die ein Verrutschen der nachfolgenden Form verhindern.

Wenn der Gips erstarrt ist, legt man auf das erste Rähmchen in gleicher Lage ein zweites auf und zwar so sorgfältig, daß es überall gut schließt. Damit man nachher das Kopfmodell gut herausbringt, muß in zwei Partien gegossen werden. Zu diesem Zweck errichtet man mit Plastilin oder Glaserkitt eine kleine Scheidewand längs des Kopfes, und zwar so, daß auf einer Seite genau eine Raum- und Kopfhälfte freibleibt. Ein zweites kleines Scheidewändchen wird unter dem Hals aufgestellt, wie unsere Zeichnung zeigt.

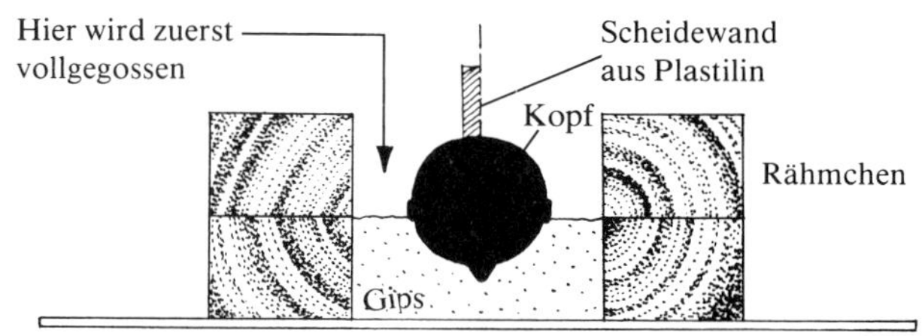

Querschnitt durch den in Gips eingebetteten Kopf

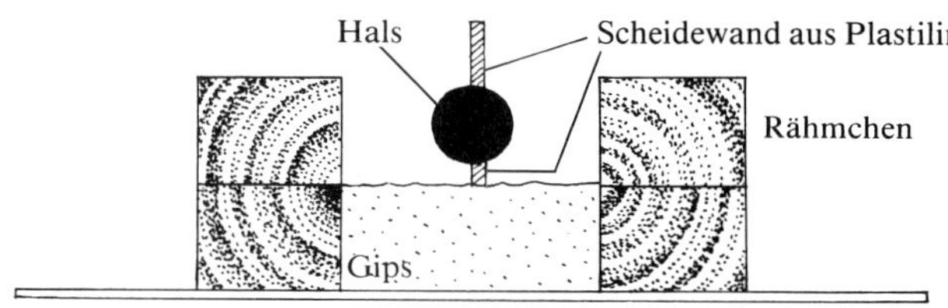

Querschnitt durch den in Gips eingebetteten Hals

14
Der Kopf steckt noch in der Form. Besonders gut ist hier die Teilungsnaht am Hinterkopf zu sehen

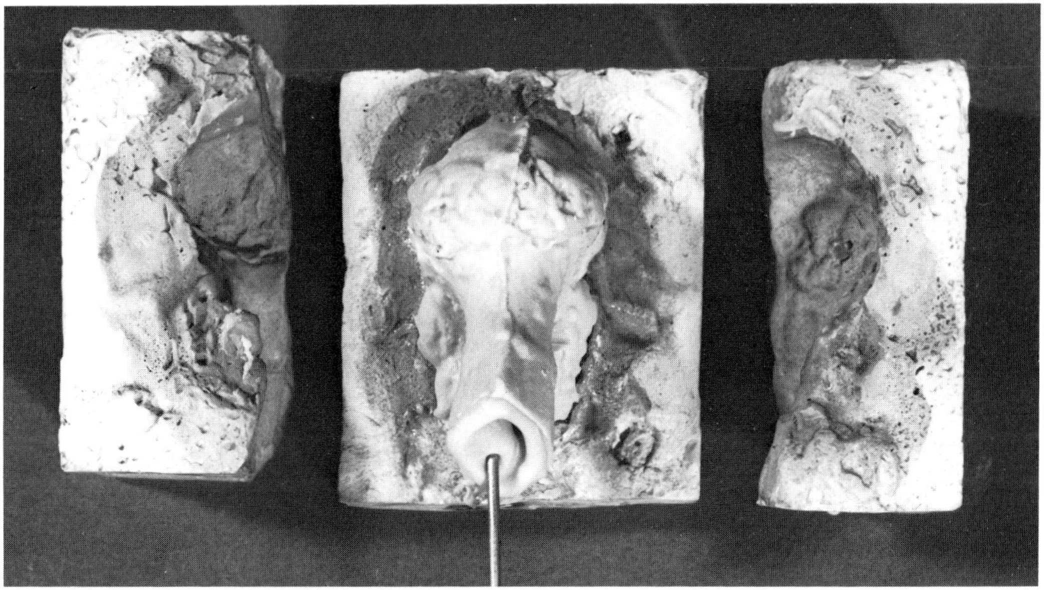

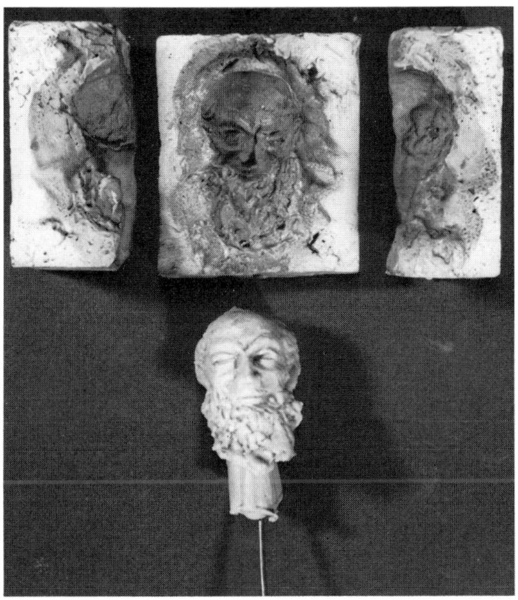

15 und 16:
Der aus der Form herausgelöste Kopf mit dem Draht, der jedoch wieder entfernt werden muß

Einige fertige Köpfe vor dem Putzen und Fassen

Jede Hälfte, sowie der Kopf, Gips und das Rähmchen werden mit Olivenöl gut eingeölt. Den Gips sollte man sogar zwei- bis dreimal ölen. Dann wird die eine Kopfhälfte mit ungefärbtem Gips ausgegossen. Ist dieser erstarrt, entfernt man die Scheidewand, kratzt die entstandene Gipswand ein wenig glatt, ölt wieder ein und gießt die zweite Kopfhälfte voll.
Sind alle Teile hart geworden, nimmt man sie von der Unterlage weg, entfernt die beiden Rähmchen, schneidet sie sauber viereckig und probiert, sie möglichst schadlos auseinander zu bringen. Mit einer Messerklinge, die man der Länge nach in die Teilungsstelle drückt, geht das am besten. Hat man die untere Hälfte des Modells gefärbt, sieht man schön, wo genau geteilt werden muß. Zuerst legt man die beiden großen Hälften auseinander, was meist keine Schwierigkeiten macht. Man kann dann das Kopfmodell herausheben, das man aufbewahrt, fallweise leicht abändert und neu verwendet. Sodann schneidet man am Gipsmodell in beiden Hälften als Verlängerung des Halses eine kleine Rinne bis zur Oberfläche. So entsteht ein Loch, welches man zum Eingießen der Masse für das Kopfpositiv benötigt.
Nun muß die Form gut austrocknen. Der Fachmann bezeichnet den angestrebten Zustand mit dem Ausdruck »der Gips klingt«. Wenn man mit dieser Form schonend umgeht, kann man mit ihr Hunderte von Köpfen gießen.

Das Gießen der Köpfe

Das Gießen der Köpfe geht folgendermaßen vor sich: Man besorgt sich 750 g Wachs von Kirchenkerzen, 250 g reines Bienenwachs und 1150 g Grundkreide. Das Wachs läßt man schmelzen und sät die Kreide hinein. Dieses Gemisch wird gut gekocht und das Bienenwachs hinzugefügt. Dadurch erhält die Mischung die erforderliche Festigkeit. Um dem Kopf schon von vornherein einen bestimmten Farbton zu geben, kann man etwas rote und gelbe Pulverfarbe beimischen, aber bitte mit Vorsicht, damit Sie keine »Indianerhautfarbe« bekommen.
Diese Gußmasse kann man durch Schmelzen immer wieder aufs neue gießfertig machen und weiter verwenden, auch wenn z. B. der erste Guß mißlungen oder die Masse erstarrt ist.
Für den Vorgang des Gießens selbst haben sich kleine Aluminium- oder Emailgefäße mit Schnabel am besten bewährt. Man stellt sie in ein warmes Wasserbad, um die Masse immer gleichmäßig flüssig zu halten. Oder man bedient sich eines kleinen Spiritusbrenners. Um ihn herum legen wir ein abgeknicktes Drahtgitter so, daß oberhalb des Brenners eine ebene Fläche entsteht, auf die man das Gußgefäß mit der Masse stellen kann.
Das Gipsnegativ für den Kopf legen wir eine Weile in lauwarmes Wasser. Hat es sich vollgesaugt, nehmen wir es heraus. Bleibt die Oberfläche glänzend stehen, so ist das ein Zeichen dafür, daß zu viel Wasser in den Gips eingedrungen ist. Das Modell soll feucht, aber nicht naß sein. Wir stellen die einzelnen Teile zusammen, drücken sie fest aneinander und gießen die Gußmasse ein. Dazu nimmt man das Modell in die linke Hand, mit dem Gußloch nach oben. Das Gesicht des Modells schaut zur Handfläche. Wir pressen mit den Fingern alle Teile fest zusammen, den nach abwärts stehenden Teil des Modells etwas gegen die rechte Hand zu geneigt. Gegossen wird mit der rechten Hand. Die Gießmasse muß die rechte Temperatur haben, d. h. sie darf ja nicht zu heiß sein. Die Temperatur ist dann richtig, wenn ein Finger, in die Masse gesteckt, keinen Schmerz verspürt. Hält man es länger aus, den Finger in der Masse zu belassen, so ist die Temperatur gerade recht. Ist die Masse zu heiß, so klebt sie am Gips fest und das Modell ist dadurch verloren. Ist sie jedoch zu kalt, dringt sie nicht bis in die äußersten Spitzen und Vertiefungen vor. Das Gesicht erhält dann Falten.
Das Gießen selbst geschieht langsam und gleichmä-

ßig. Wenn die Form vollgegossen ist, steckt man in die noch weiche Wachsmasse einen Draht, den man wieder herauszieht. Das entstehende Loch muß genau so groß sein, wie der nach oben ragende Draht des Körpers stark ist, worauf wir noch auführlich zurückkommen werden.
Man wartet ab, bis die Masse an der Öffnung hart ist. Sobald das der Fall ist, kann man mit größter Vorsicht versuchen, das Positiv des Kopfes herauszulösen. Das geschieht zunächst durch leichtes Lockern, dann durch vorsichtiges Ziehen. Zuerst werden die beiden großen Hälften auseinander genommen, dann die beiden kleinen.
Wenn man entsprechend rasch arbeitet, kann man auf diese Weise in einer Stunde eine Menge Köpfe gießen. Der letzte Vorgang ist das Putzen der entstandenen Gußnaht, die an genau derselben Stelle liegt wie vorher die aufgezogene kleine Plastilin-Scheidewand (siehe Abb. 14). Das Putzen geschieht in schabender Weise mit einem kleinen Messer.
Sodann liegt der fertige Kopf zur Weiterverarbeitung vor uns, wie die Abb. 15 zeigt. Einige fertige Köpfe, im vorliegenden Fall von einem Kind und zwei Frauen, zeigt unsere Abb. 16.

Das Gipsnegativ für Hände und Füße

Das Gipsnegativ für die Hände wird ganz ähnlich gemacht wie das des Kopfes. Hier muß zuerst ein Positivmodell einer linken und einer rechten Hand hergestellt werden, sei es, daß man sie schnitzt oder schnitzen läßt, oder sie aus Plastilin oder einer selbsthärtenden Masse selbst formt, was allerdings einige Geduld und Geschicklichkeit erfordert. Betrachten Sie dabei stets Ihre eigene Hand und zwar mit leicht gespreizten Fingern, flach liegend, und arbeiten Sie nach diesem Vorbild. Wichtig ist außerdem die richtige Proportion: $\frac{1}{10}$ der Gesamthöhe des Menschen bzw. der Figur. Die Hand geht in den Unterarm über, der bis zum Ellbogen gegeben sein muß.

Hat man die beiden Handmodelle fertig, so legt man sie, mit dem Handrücken nach oben, in nicht zu engem Abstand auf ein Stück Plastilin, das so zugeschnitten ist, daß es in den Hohlraum des Rähmchens paßt, das wir auch schon für den Kopf verwendet haben. Es wird also eine leicht rechteckige Form haben und sollte etwa 8 mm dick sein. In dieses Plastilinplättchen drückt man die beiden Hand- bzw. Armmodelle ein und zwar genau bis zur Hälfte. Damit die Finger schön plastisch herausgearbeitet werden können, baut man mit der Spitze eines kleinen Messerchens und einer Nadel Plastilin um sie herum auf, bis eine vollendete Form gegeben ist, wie gesagt, genau bis zur Hälfte der Dicke. Unsere kleine Zeichnung verdeutlicht diesen Vorgang noch einmal.

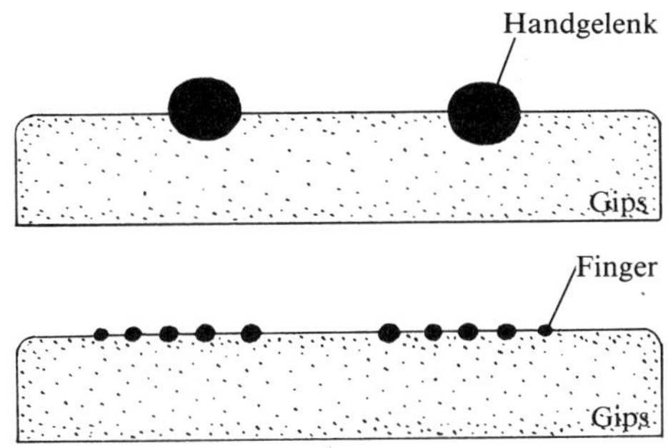

Das Einbetten der Handmodelle

Haben Sie eine größere Figur in Arbeit und wollen die Hände aus Zinn gießen, um sie später vielleicht zur Faust ballen zu können, empfiehlt es sich, die Hände nicht flach, sondern leicht gewölbt in das Plastilin einzubetten. Auch die Finger sollten leicht gebogen sein. In einem solchen Fall ist für die Form Hartgips, wie ihn die Zahnärzte verwenden, dem gewöhnlichen Gips vorzuziehen. Je genauer man diese Vorarbeit verrichtet, desto schöner wird später das Endresultat sein.

Der nächste Arbeitsgang ist das Einölen der gesamten Plastilinfläche und der Hände. Wenn man allerdings dabei des Guten zu viel tut und ein Übermaß an Öl aufträgt, können sich zwischen den Fingern Ölblasen bilden. Besonders in den schmalen Zwischenräumen der einzelnen Finger muß man sehr vorsichtig sein.
Nun kann das Gipsnegativ gegossen werden. Wir gießen eins von unseren Rähmchen voll Gips, den wir zweckmäßigerweise mit Pulverfarbe leicht gefärbt haben. Dann wird die Plastilinplatte mit den Händen in den Gips gedrückt, die Seite mit den Händen natürlich voraus.
Wenn der Gips erstarrt ist, entfernt man vorsichtig das Plastilin, ohne dabei die beiden Hände zu verschieben. Diese bleiben so im Gips liegen. In den meisten Fällen erweist es sich als notwendig, die Oberfläche etwas zu putzen, besonders auch die überstehenden Gipsränder, ehe man alles gut einölt. Dann legt man das zweite Rähmchen auf und füllt es mit Gips. Auch nach diesem Vorgang muß das Trocknen abgewartet werden. Die Form wird sodann auseinander genommen. Ungefähr dort, wo der Ellbogen sitzt, schneidet man je ein Eingußloch, das trichterförmig nach oben gerichtet sein soll, damit man die Eingußmasse gut eingießen kann.
Für die Füße gilt in den allermeisten Fällen dasselbe wie für die Arme. Auch hier werden durch Schnitzen oder Formen Positivmodelle hergestellt. Es kann sich dabei um Barfüße handeln, was technisch schwieriger ist, oder um Schuhwerk, seien es flache Schuhe oder hohe Stiefel, die am einfachsten herzustellen sind.
Das Positivmodell der beiden Füße wird entweder ebenso wie die Hände in Plastilin oder ohne dieses gleich bis genau zur Hälfte in den Gips gedrückt, wobei der Schuh flach aufliegt und nicht etwa die Spitze in die Höhe streckt. Die Vorgangsweise der Herstellung eines Gipsnegativs für Beine bzw. Füße ist die gleiche wie bei den Händen. Um die Beine nicht allzu schwer zu machen, modelliert man sie, besonders wenn es sich um größere Formen handelt, nur mit einem Teil des Unterschenkels, sonst bis zur Kniehöhe.
Bei den Gipsmodellen für Hände und Füße müssen Sie besonders gut darauf achten, daß der Gips »klingt«, d. h. vollkommen durchgetrocknet ist, sonst stoßen Sie beim Eingießen der Gußmasse auf größte Schwierigkeiten. Vermeiden Sie aber allzu rasche Wärme, die den Gips mürbe machen könnte.

Das Gießen der Hände und Füße

Das Gießen der Hände und Füße verläuft ähnlich wie das der Köpfe, nur handelt es sich hier um eine andere Masse. Um den Gliedmaßen nämlich eine gewisse Beweglichkeit zu geben, gießt man sie aus Blei bzw. Zinn. Früher stand nur Blei zum Ausgießen der Formen zur Verfügung. Es bringt schöne Resultate, hat aber den Nachteil, daß seine Dämpfe giftig sind, weshalb es heute fast ganz vom Zinn verdrängt worden ist. Dieses kauft man in Metallwarenhandlungen in Stangen, allerdings zu einem höheren Preis als Blei.
Das Zinn läßt man über dem Spirituskocher in einem feuerfesten Kännchen mit Schnabel und festem Griff schmelzen. In der Zwischenzeit richtet man sich die Drähte her, die jeweils an einem Ende eine kleine Öse tragen, die man mit der Spitzzange unschwer drehen kann. Diese Öse verhindert ein Herausrutschen des Drahtes aus der Metallform. Was die Qualität des Drahtes anbelangt, so verwenden Sie lieber geglühten Messingdraht, da Eisendraht leicht rostet. Für größere Figuren nehmen Sie stärkeren Draht, für kleinere dünneren. Als Faustregel mag gelten, daß eine Figur von 16 cm Höhe einen Draht der Stärke Nr. 12 benötigt. Eine Figur in dieser Höhe braucht eine Drahtlänge von 16 – 20 cm, sowohl bei den Armen, als auch bei den Beinen. Jeder Arm und jedes Bein hat seinen eigenen Draht, also nicht wie bei den käuflichen Wachsgliedmaßen, wo jeweils zwei Arme bzw. Beine durch einen Draht miteinander verbunden sind.

17 Gußform und die herausgelösten Arme, allerdings ohne die so notwendigen Drähte

18 Gußform und die darin gegossenen Beine. Sie wurden von uns schon farbig gefaßt und nachträglich wieder in die Form gesteckt

Der Draht wird am Ellbogen bzw. beim Knie in den Guß gesteckt, und zwar mit der kleinen Schlaufe voraus. Man macht das folgendermaßen: man hält die Form so, daß das Gußloch nach oben gerichtet und von einem abgewandt ist. Die Form wird fest zusammengedrückt und das Metall eingegossen, was langsam und gleichmäßig zu geschehen hat. Eine Hilfsperson kann dann den Draht in den Mittelpunkt des Gußloches stecken, und zwar möglichst tief hinein, so daß die kleine Öse weit drinnen steckt. Dabei muß man auf seine Hände achten, damit diese nicht zu viel Hitze abbekommen. Lederhandschuhe tun dabei gute Dienste.

Verhältnismäßig rasch kann die Form auseinandergenommen und die Hand bzw. der Fuß herausgehoben werden. Man lockert sie zunächst mit einer kleinen Zange und hebt sie ab. Der Guß der zweiten Hälfte kann sehr rasch danach erfolgen, nur muß man darauf achten, daß die Temperatur nicht zu hoch ist. Die Form darf nicht zu heiß werden. Wenn in der kleinen zinnernen Hand Löcher entstanden sind, so ist das ein Zeichen dafür, daß entweder die Gußmasse zu heiß oder die Gipsform noch nicht ganz trocken war, so daß sich Wasserdampf entwickeln konnte. Prinzipiell gilt, daß Zinn sofort dann gegossen werden soll, sobald es flüssig geworden ist. Leider halten die Gipsformen in den meisten Fällen ein sehr häufiges Ausgießen mit Metall nicht aus. Nach und nach brechen kleine Brocken aus. Hartgipsmodelle halten da ungleich länger.

Wie eine Gipsform und die darin hergestellten Arme ausschauen, zeigt Ihnen Abb. 17. Allerdings wurde hier auf das Einsetzen der Drähte verzichtet.

Putzen und Fassen

Um Köpfe, Arme und Beine ganz fertigzustellen, ist noch zweierlei nötig: das Putzen und das Fassen.

Das *Putzen* der Einzelteile ist sehr wichtig. Dabei werden mit einem kleinen Messerchen (Federmesser) alle Gußnähte entfernt und die Vertiefungen um die Nase und den Mund, bei den Händen zwischen den Fingern nachgestochen. Dieses geschieht am besten mit einer Nadel. Die Augenpartie gewinnt sehr an Lebhaftigkeit, wenn man an beiden Seiten der Augen kleine Löcher sticht. So bekommen die Augäpfel zusätzliches Leben. Größere Flächen, z. B. am Schuhwerk, kann man mit sehr feinem Schleifpapier (Finish) ganz glatt schleifen.

Auch das Entfernen der letzten Ölreste ist wichtig.

Das *Fassen* ist eine Arbeit, die besonderen Spaß macht. Man nimmt dazu Ölfarben, wobei darauf zu achten ist, daß man über die folgenden Töne verfügt: Lichtocker, Ocker, Weiß, Van-Dyck-Braun, Zinnober und Gebrannte Siena. Wie im Leben die Menschen sollten bei einer größeren Ansammlung von Krippenfiguren diese sich ein wenig in ihrer Hautfarbe voneinander unterscheiden. Kleine Kinder und Frauen haben ein Inkarnat (Hautfarbe), das hell, rosig und freundlich gefärbt ist, während Burschen und vor allem alte Männer ein dunkleres Inkarnat haben, wozu man in der Regel eine Pinselspitze voll Van-Dyck-Braun den übrigen Tönen beimischt. Im allgemeinen und grob gesprochen setzt sich das Inkarnat aus folgenden Farbtönen zusammen: Weiß, Ocker und Zinnober. Je mehr Van-Dyck-Braun oder Gebrannte Siena man diesen Tönen beimischt, desto gedeckter wird das Resultat ausfallen.

Ölfarben sind mit Terpentin bzw. Terpentinersatz zu verdünnen und auch in diesen löslich. Das heißt, man wäscht auch die Pinsel in den erwähnten Flüssigkeiten aus. Gemalt wird mit neuen, feinsten Aquarellpinseln von nur erstklassiger Qualität. Reinmarderpinsel erfüllen diese Aufgabe bestens.

Ölfarben trocknen sehr langsam, fließen aber in frischvermaltem Zustand nicht oder nur kaum ineinander, sofern man sie nicht zu stark mit Terpentin verdünnt.

Das Fassen der Köpfe geht so vor sich, daß man zunächst den Farbton des Inkarnats bis zum Haaransatz aufträgt, wobei man natürlich die Augen frei läßt. In noch feuchtem Zustand werden in etwas röterem Ton vorsichtig die Wangen einschattiert. In trockenem Zustand wird der Mund gemalt. Die Augen malt man zunächst weiß aus und setzt ins Trockene die braun gefärbten Pupillen ein (Gebrannte Siena), die nicht kreisrund, sondern leicht nach beiden Seiten verbreitet sein können. In diese braunen Pupillen malt man, wenn sie getrocknet sind, einen winzigen schwarzen Punkt.

Haare und Bärte malt man in lichtem Ocker, braun oder fast schwarz. In den Vertiefungen sollen die Farben etwas dunkler stehen bleiben, was sehr naturgetreu wirkt.

Die kleinen Zinnhände malt man gleichfalls mit Ölfarben an, und zwar vorsichtshalber in zwei Anstrichen: einmal in weiß, nach gutem Trocknen noch einmal mit Hautfarbe.

Die Beine können so gefaßt werden, daß sich die Schuhe bzw. Stiefel deutlich vom übrigen abheben; sofern die Waden nicht etwa mit echten kleinen Strümpfen überzogen werden, kann man sie in Strumpffarbe fassen.

Es empfiehlt sich, alle Köpfe, Arme und Beine zu fassen, trocknen zu lassen und aus diesem Fundus zu »pflücken«, wenn man ans restliche Herstellen der Figuren geht. Wenn wir uns genau an die Vorgangsweise Abt Lechners halten, setzen wir den Figuren die Köpfe erst dann auf, wenn wir sie fertig eingekleidet haben. Das hat durchaus seine Berechtigung, denn erfahrungsgemäß werden die Köpfe beim Einkleiden stark mitgenommen. Lechner verfährt sogar so, daß er Köpfen, Armen und Beinen erst dann die farbliche Fassung gibt, wenn sie am Körper fest montiert sind. Welche Verfahrensweise Sie wählen, bleibt Ihnen überlassen.

Das Drahtgestell

Wenn wir sämtliche Köpfe, Arme und Beine fertiggestellt haben, können wir uns ans *Drahtgestell* machen. Für dieses ist es besonders wichtig, die Proportionen richtig zu wählen, denen wir uns nun zuwenden wollen.

Ein neugeborenes Kind hat ungefähr ¼, der Zweijährige hat ½, der Sechsjährige hat ⅗ und der Zwölfjährige hat ¾ der Gesamtlänge des Erwachsenen.

Der Kopf eines neugeborenen Kindes ist ¼ seiner eigenen Körperlänge, wenn man den Kopf mitrechnet. Der Kopf des Zweijährigen ist ⅕, der Kopf des Sechsjährigen ist ⅙, der Kopf des Zwölfjährigen ist unter ⅐ und der Kopf des Erwachsenen ist ⅐ bis ⅛ seiner eigenen Körperlänge.

Die Länge der Hand des Erwachsenen ist ungefähr ⅒ der gesamten Körperlänge. Die Länge des Fußes inklusive Schuh ist ⅙ der Körperlänge.

Um Ihnen die Arbeit an der Bestimmung der Körpermaße zu erleichtern, haben wir im Anhang dieses Kapitels genaue Maßtabellen angeführt, sowie Zeichnungen von Figuren in den bestimmten Größen, sowohl von vorn als von der Seite her, geboten. Wir empfehlen Ihnen dringend, sich an diese Maße zu halten, weil jede gröbere Abweichung von den Normmaßen an den Figuren höchst unangenehm auffällt.

Zudem unser Rat: planen Sie Ihre Figuren lieber etwas zu groß als zu klein! Je kleiner sie sind, desto schwerer sind sie zu arbeiten, und außerdem erweisen sich bei Figuren unter 10 cm alle Stoffe als zu »pamstig«, selbst die dünnsten.

Das Drahtgestell unserer Figur besteht aus geglühtem Messingdraht, den wir ja schon den aus Zinn bestehenden Gliedmaßen eingesetzt haben. Möglicherweise wird es sich als nötig erweisen, die Metallspuren, die sich auf den Drähten festgesetzt haben, zu entfernen.

Suchen Sie sich in dem beigefügten Schema die für Ihre Figur passende Größe aus (auf die Maße des Kopfes achten!). Die gerade gezogenen Linien der schematischen Körper zeigen Ihnen an, wie die Drähte liegen müssen. Legen Sie die kleine Zinnhand genau auf die Hand der Zeichnung, und zwar so, daß sie mit der Fläche nach oben zeigt. Achten Sie bitte darauf, daß Sie rechts und links nicht verwechseln. An der

So werden die Zinnhände befestigt und die Drähte gewickelt

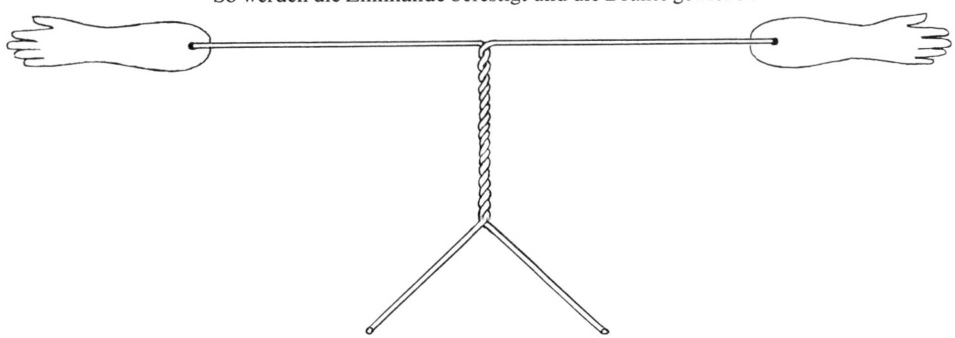

Stelle, wo der Draht die Mittellinie kreuzt, biegen Sie ihn im rechten Winkel abwärts (siehe Zeichnung).
Die andere Hand legen wir verkehrt auf die Zeichnung und biegen an der Kreuzungsstelle mit der Mittellinie den Draht im rechten Winkel aufwärts. Wir nehmen eine Flachzange zur Hand und drehen die beiden Drähte an den Biegungsstellen einige Male fest zusammen. Dasselbe machen wir mit den Drähten der Beine, nur daß hier zwei rechtwinkelige Biegungen gemacht werden müssen; die eine bildet die Hüfte, die andere steigt hoch zum Halsansatz.

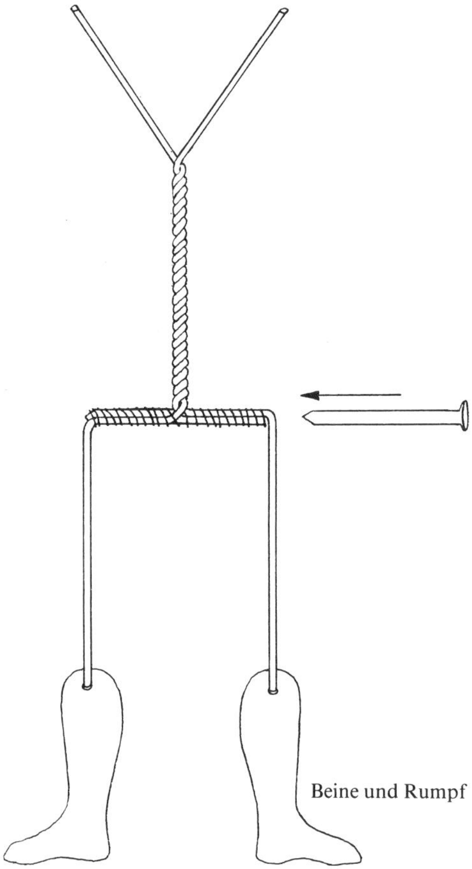

Beine und Rumpf

Die Drähte werden zusammengedreht bis hinauf zum Schnittpunkt der Armdrähte mit dem Mitteldraht. Man legt die beiden Armdrähte auf diesen Schnittpunkt und verbindet beide Teile mit den überstehenden Drahtenden. Einen der Fußdrähte behält man sich frei, er trägt später den Kopf. Damit sich an dem Gestell nichts verschieben kann und insbesondere das Hüftgelenk stabil wird, versteift man diese Stelle mit einem abgezwickten Nagel, den man auf die Drähte legt und mit ganz dünnem Draht (Blumendraht) fest mit diesen zusammenwickelt, wie unsere Zeichnung zeigt.
Dasselbe kann man bei den Armdrähten machen von Schultergelenk zu Schultergelenk.
Will man noch präziser arbeiten, richtet man sich runde, längliche Holzklötzchen her, die man der Länge nach durchbohrt. Das ist nicht schwierig, wenn man dafür Zweige verwendet von Hölzern, die über sehr weiches Mark verfügen, wie es z. B. bei Sanddorn (Hippophae rhamnoides) der Fall ist. Diese Stäbchen müssen in genau der rechten Länge zugeschnitten werden, ehe man die Drähte durchsteckt und sie nachträglich zusammenwickelt. Unsere Zeichnung zeigt Ihnen das so entstandene Skelett, bei dem, hat man die Gliedmaßen in den Proportionen richtig gewählt, diese genau am Ellbogen bzw. am Kniegelenk gebogen werden können.
Lechner-Figuren zeichnen sich durch besonders lebensnahe Körper aus, was dadurch erreicht wird, daß man dem Skelett eine körpergerechte Umwickelung gibt. Sie verhindert, daß die Kleider am Gestell schlottern und die Figur damit an Naturtreue verliert. Versuchen Sie also, möglichst körpergerecht zu arbeiten. Tun Sie dieses unter Mithilfe von Werg oder Watte, die Sie mit Zwirn an den entsprechenden Körperstellen festhalten. Sie erreichen damit eine Art »Unterbau«, dessen genauere Form Sie durch Umwickeln mit schmalen Stoffstreifen erzielen. Je dünner und schmiegsamer dieser Stoff ist, umso besser. Gut bewährt haben

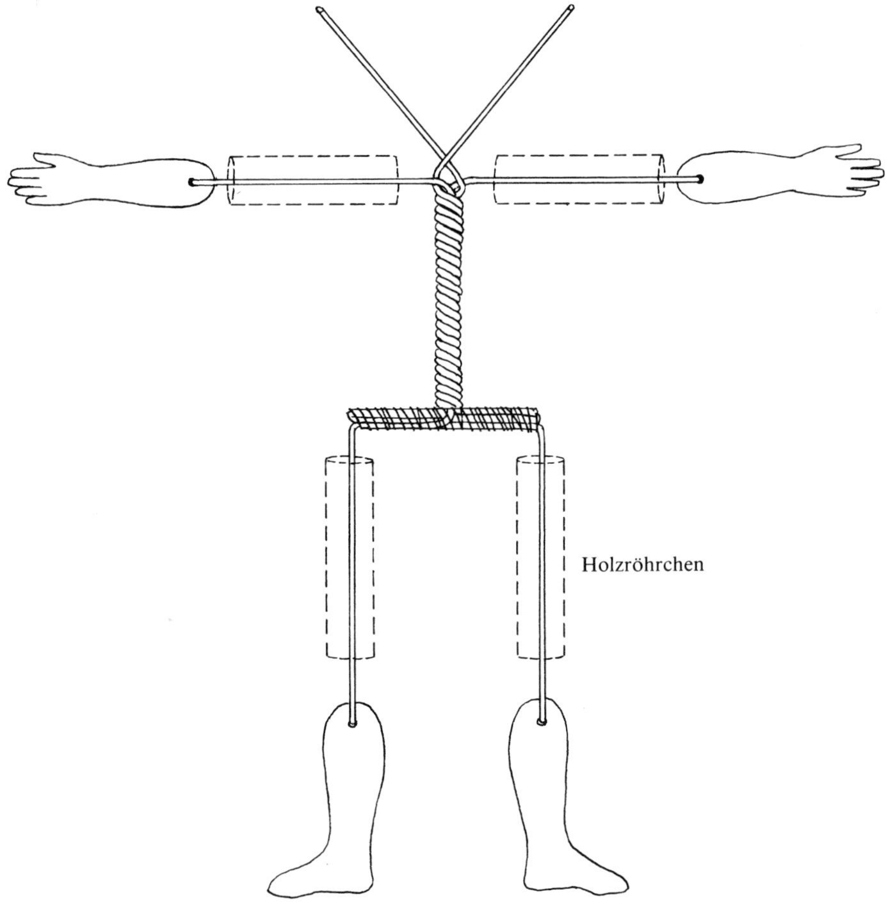

sich ca. 2 cm breite Streifen eines dünnen Baumwolltrikots, bei kleineren Figuren müssen die Streifen noch dünner und schmäler sein. Bei unserer Musterpuppe haben wir einen superdünnen karierten Stoff verwendet, wie Sie auf der Abb. 19 sehen können. Versuchen Sie bitte, möglichst straff zu wickeln, an den Biegestellen am Ellbogen und im Kniegelenk aber so, daß diese in ihrer Bewegungsfreiheit nicht allzu sehr eingeschränkt werden. Wenn Ihnen das Aussehen der Unterschenkel der gegossenen Beine nicht gefällt, wickeln Sie über diese hinweg und formen so perfekte Waden, darüber dann die Oberschenkel. Diese müssen bis zum Schritt getrennt bleiben; von dort an wickelt man den Rumpf bis zu den Achselhöhlen.

Als letztes kommen die Arme dran. Der Halsdraht ragt aus den Wickelungen heraus. Sie können sich die Arbeit erleichtern, wenn Sie Ihre Figur immer wieder auf unsere schematischen Skizzen legen, die Ihnen den jeweiligen Körper einmal von vorn, einmal von

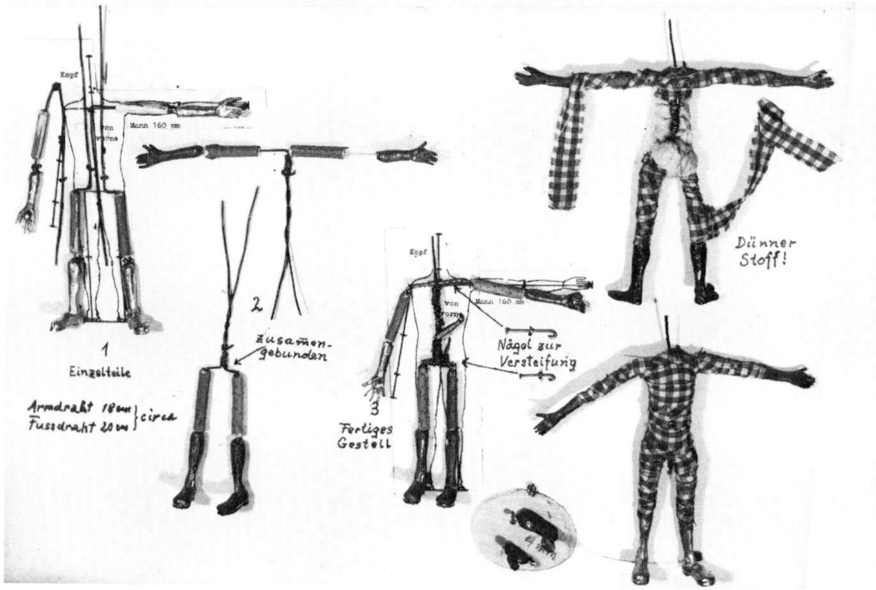

19
So werden die Lechner'schen Figuren gebaut und umwickelt

der Seite zeigen. Die Enden der Wickelbänder werden mit ein paar Stichen festgenäht.
Will man der Figur eine stärkere Beweglichkeit geben, vor allem im Knie- und Ellbogenbereich, so kann man das durchaus machen. Man erhitzt die noch vorhandene Gußmasse der Köpfe ziemlich stark, taucht die entsprechenden Gelenke hinein und wartet, bis das Material sich vollgesaugt hat. Nach völligem Erkalten kann man mit einem sehr scharfen Messer je einen keilförmigen Einschnitt in der Knie- bzw. Ellbogenhöhle machen, was einem ein rechtwinkeliges Abbiegen gestattet.
Sollen bestimmte Körperpartien unbekleidet bleiben, kann man diese gleichfalls in die erwärmte Kopf-Gußmasse stecken, die man nach dem Erkalten so zurechtschleifen und bearbeiten kann, daß sie körpergetreu wirkt. Solche Figuren kann man später allerdings nicht mehr biegen, es sei denn, man erwärmt sie vorher etwas.

Das Kleiden der Figuren
Es ist eine Arbeit, die viel Spaß macht. Schon das Wühlen in alten Flecken, die Frage, welcher Stoff sich wohl am trefflichsten für eine bestimmte Figur eignen könnte, kann geradezu euphorisierend wirken. Freilich sollte man beim Aussuchen einige Gesichtspunkte in Betracht ziehen, die für ein gutes Gelingen von Bedeutung sind.
Die Stoffe dürfen auf keinen Fall zu dick sein, weil die damit bekleideten Figuren sonst »pamstig« wirken. Sehr gut eignen sich dünnere Stoffe wie reine Seide, Baumwolle, Baumwolltrikot, feinstes Leinen und für die Einkleidung von orientalischen Figuren dünne Samte und Brokate, obwohl die Letztgenannten in der Regel zwar prächtig anzuschauen, aber meist zu steif sind. Ihre Anwendung gilt eher für größere Figuren.
Die Stoffe sollen entweder einfärbig oder im höchsten Fall klein gemustert, gestreift, kariert usw. sein.
Die Stoffe sollten möglichst nicht fransen.

Wenn Sie, so wie Abt Lechner es gemacht hat, Strickwaren in den Katalog Ihrer Kleidungsstücke aufnehmen wollen, also z. B. gestrickte Janker oder Strümpfe – was im übrigen bei einer heimatlichen Krippe besonders rustikal und nett wirkt –, so müssen diese Stücke aus feinsten Garnen oder gar Zwirn gefertigt sein.

Fellreste lassen sich gut verwenden, sofern es sich um dünne Felle handelt wie Persianer, Breitschwanz, Fohlen usw. Auf keinen Fall dürfen die Felle zu langhaarig sein, weil das die Proportionen innerhalb der gekleideten Figuren unangenehm beeinflußt.

Aufgesetzte Goldborten dürfen auf keinen Fall zu schwer und breit sein.

Sehr kleidsam wirkt es, wenn gewisse Gewänder fließend fallen, also z. B. am Halsausschnitt so weit geschnitten sind, daß man sie dort einreihen kann. Das gilt besonders für die Madonna und die Heiligen Drei Könige, bei der orientalischen Krippe auch für deren Gefolgsmänner. Im übrigen geben wir Ihnen im Anhang dieses Kapitels einige Kleiderschnitte, die Sie natürlich in der Größe an die Ausmaße Ihrer Figur anpassen müssen.

Wenn Sie Freund eines gekonnten Faltenwurfes sind, können Sie die Stoffe Ihrer fließenden Gewänder in ein leichtes Leimbad tauchen und ihnen in noch feuchtem Zustand direkt an der Figur die richtige Form geben. Diese erstarrt dann und kann, gut gemacht, eine fabelhafte Wirkung ergeben.

Bei Kleidungsstücken wird ein Großteil am Körper der Figur genäht, da das viel einfacher ist, als wenn Sie Ihre Figur zum An- und Ausziehen herrichten würden, was ja kein Mensch von Ihnen erwartet. Legen Sie der Figur die zugeschnittenen Teile über, korrigieren ihren Sitz, schließen die Hauptnähte und nähen dann mit farblich passenden Nähseiden, am unsichtbarsten mit kleinen Überwindelungsstichen den Rest. Wenn Sie fransende Stoffe verwendet haben, was ja oft nicht zu vermeiden ist, können Sie sie entweder schmal einbiegen und versäubern, oder aber Sie nehmen zum Versäubern etwas Uhu zu Hilfe.

Es soll an dieser Stelle nicht verschwiegen werden, daß es Figurenmacherinnen gibt, die prinzipiell nur kleben; davon aber raten wir ab.

Einige Schwierigkeiten bereitet die Herstellung der Kopfbedeckungen. Einfache Kappen kann man aus den Fingerkuppen ausgedienter Handschuhe machen. Um größere Hüte zu machen, ist es ratsam, sich aus einem Holzstückchen eine entsprechend große Kopfform zu schnitzen oder diese aus einer selbsthärtenden Masse zu formen. Über diese Form ziehen Sie Filz so lange, bis er Ihnen passend erscheint. Dafür legen Sie den Filz vorher in Leimwasser und ziehen ihn in alle Richtungen. Vorsicht, nasser Filz reißt! Das so entstandene Gebilde lassen Sie gut trocknen und schneiden es dann zurecht. Diese Arbeitsweise ergibt eine Art Schlapphut, die vor allem dem heiligen Josef, aber auch alten Hirten gut steht. Eine andere Hutart setzt sich zusammen aus einem Kopf- und einem Krempenteil, den man ringförmig zuschneidet und in Leimwasser tränkt. Ein schmales Band kann die beiden Teile miteinander verbinden.

Schuhe kann man machen, indem man sich erst einmal eine Form herstellt und über diese das feucht gemachte Leder zieht. Wenn Sie sich daranmachen, eine heimatliche Krippe mit Figuren auszugestalten, können Sie sich an den Trachten Ihrer Umgebung orientieren.

Wollen Sie Ihre Krippe mit einigen Engeln dekorieren, müssen Sie sich die Gestaltung der Flügel gut überlegen. Natürlich kann man Goldfolie dafür verwenden, die aber einen etwas aufdringlichen Glanz hat. Besser ist es, man formt sich ein Modell, gießt dieses mit Zinn aus und biegt die entstandene Form zurecht, ehe man sie mit Goldbronze faßt bzw. besprüht. Ebenso gut ist es aber auch möglich, sich die Flügel zu schnitzen oder sie schnitzen zu lassen.

20 und 21:
Die Geburtsgruppe. Besonders bemerkenswert die aus feinster Wolle gestrickte Joppe des hl. Josef

Anbetender alter Hirte. Sehr schön die ausdrucksstarke Armhaltung

22 und 23:
Bauersfrau mit Kind. Das Huhn wurde aus Ton geformt

Kleiner Schalmeienbläser

24 und 25:
Hirte mit großem Hut. Die Beine stekken in handgestrickten Strümpfen. Der Korb ist handgeflochten

Anbetende Bäuerin, neben sich die Einkaufstasche

26 und 27:
Alter Mann mit Harfe auf dem Rücken, von hinten

... und von vorn

Die richtige Haltung

Die Attribute sollten fertiggestellt sein, ehe man sich daran macht, der Figur die richtige *Haltung* zu geben. Es ist durchaus nicht dasselbe, ob ein Hirte mit einem Arm nach oben, in Richtung des Sternes zeigt, oder ob er, mit seiner Kraxe beschwert, sich dem Jesuskind nähert und dabei die Arme leicht nach vorne neigt. Eine Frau wird leicht nach links gebeugt sein, wenn sie in dieser Hand eine schwere Einkaufstasche trägt, und die Handhaltung des heiligen Josef wird davon abhängen, ob er einen Stock hält oder etwa den Schleier der Madonna hochhebt. Gerade diese Kleinigkeiten sind dasjenige, was einer Krippe Bewegung, Leben, gibt. Nichts Schrecklicheres als tote, erstarrte Krippenfiguren!

Orientieren Sie sich an einem Bild darüber, wie Arm- und Beinhaltung aussehen müssen, betrachten Sie sich selbst, z. B. die Haltung Ihrer Hände, ehe Sie diejenigen Ihrer Krippenfiguren formen. Um noch bei den Händen zu verweilen: achten Sie bitte darauf, daß die Finger nur in den Gelenken gebogen, sonst aber gerade sind. Eine Pinzette mit geraden Enden wird Ihnen diese Arbeit erleichtern.

Was die Arm- bzw. Kniebeuge anbelangt, so haben wir ja schon darüber gesprochen. Beide Gelenke müssen in geradem Winkel gebogen sein und nicht etwa rund. Wenn Sie die Figur nach vorn beugen, müssen Sie darauf achten, daß sie nicht das Übergewicht bekommt.

Jede Figur wird für sich auf ein kleines *Brettchen* gestellt, das in den Maßen denen der Figur angepaßt und ca. 0,4 – 0,5 cm dick sein sollte. Dieses Brettchen streichen wir in einem weichen, gedeckten Grünton an, und nicht etwa zu grellfarben. Mit Schrauben wird von unten die Krippenfigur am Brettchen festgehalten. Sind die Füße (Schuhe) aus Metall, muß mit einer kleinen Ahle vorgebohrt werden.

Ist die Figur befestigt und ihre Haltung genau fixiert, geht's ans *Aufsetzen des Kopfes*. Dazu schneidet man den Hals des vorbereiteten Kopfes so zurecht, wie man ihn braucht, also etwa gerade, wenn der Kopf gerade getragen wird, oder vorn abgeschrägt, wenn der Kopf gesenkt werden soll. Achten Sie bitte darauf, daß der Hals nicht zu lang ist, was gern unversehens passiert. Das am Drahtskelett aufstehende Drahtstück wird auf die Länge von 1½ cm abgezwickt, über einer Kerzenflamme erhitzt und in den Hals gebohrt. Oft ist der Vorgang des Hineinsteckens und wieder Herausziehens einigemale zu wiederholen, ehe der Kopf wirklich fest sitzt. Ist das alles geschehen und haben Sie perfekte Figuren nach dem Vorbild des großen Konrad Lechner vor sich stehen, können wir Ihnen nur dazu gratulieren und uns von Herzen mit Ihnen freuen.

Maßtabelle für Figuren von 128 mm Höhe

	gesamte Körperlänge	Kopflänge	Handlänge	Fußlänge
Erwachsener Mann	128,0	17,0	12,8	18,0
Erwachsene Frau	120,0	15,0	12,0	16,6
12jähriger	96,0	14,0	9,6	14,0
6jähriger	77,0	13,2	8,0	11,3
2jähriges	64,0	12,8	6,0	9,8
Neugeborenes	32,0	8,0	4,0	5,0

Maßtabelle für Figuren von 150 mm Höhe

	gesamte Körperlänge	Kopflänge	Handlänge	Fußlänge
Erwachsener Mann	150,0	20,0	15,0	21,0
Erwachsene Frau	140,0	17,5	14,0	19,4
12jähriger	112,5	16,5	11,0	16,5
6jähriger	90,0	15,5	9,0	13,2
2jähriges	75,0	15,0	7,5	11,5
Neugeborenes	37,5	9,3	4,7	6,2

1 Mannigfaltig sind die Möglichkeiten, Krippenfiguren selbst zu gestalten

II Eine der prächtigen Lechner-Figuren

III Alter Hirte mit Schaf aus der Sammlung der Lechner-Figuren

IV Der Mohrenkönig aus der Original-Barock-Krippe

V Harfenträger (Lechner-Figur)

VI Die Tonkrippe in farbiger Fassung

VII Geburtsgruppe aus der dem Barock nachempfundenen Krippe

VIII Die Höhlenkrippe mit Figuren aus Fimo

IX Die große, neunteilige Rupfenkrippe

X Salzteigrelief in mehrfach profiliertem Rahmen

XI Die von Prof. Emmerich Kerle gestaltete Papierkrippe

Maßtabelle für Figuren von 160 mm Höhe

	gesamte Körperlänge	Kopflänge	Handlänge	Fußlänge
Erwachsener Mann	160,0	21,3	16,0	23,0
Erwachsene Frau	149,0	18,6	14,9	20,0
12jähriger	120,0	17,6	12,0	17,6
6jähriger	96,0	16,5	9,6	14,0
2jähriges	80,0	16,0	8,0	12,0
Neugeborenes	48,0	10,0	5,0	6,6

Maßtabelle für Figuren von 180 mm Höhe

	gesamte Körperlänge	Kopflänge	Handlänge	Fußlänge
Erwachsener Mann	180,0	24,0	18,0	25,7
Erwachsene Frau	168,0	21,0	16,8	23,0
12jähriger	135,0	19,8	13,5	19,8
6jähriger	108,0	18,6	11,0	15,8
2jähriges	90,0	18,0	9,0	13,8
Neugeborenes	45,0	11,2	5,6	7,5

Maßtabelle für Figuren von 225 mm Höhe

	gesamte Körperlänge	Kopflänge	Handlänge	Fußlänge
Erwachsener Mann	225,0	30,0	22,5	32,1
Erwachsene Frau	210,0	26,2	21,0	29,0
12jähriger	168,0	24,7	16,8	24,7
6jähriger	135,0	23,2	14,0	19,8
2jähriges	112,5	22,5	11,0	17,0
Neugeborenes	56,0	14,0	7,0	9,3

Krippenzubehör

Dem Krippenzubehör sollte gleichfalls Ihre Aufmerksamkeit gehören, sind doch all die kleinen Stöcke, Körbe, Kraxen, Musikinstrumente usw. dasjenige, was fast am meisten die Bewunderung der Besucher hervorruft. Je liebevoller Sie diese kleinen Dinge gestalten, desto besser. Wenn Ihre Phantasie Sie im Stich lassen sollte, besuchen Sie – so Sie Gelegenheit dazu haben – das Bayerische National-Museum in München, das in der berühmten Schmederer-Krippensammlung auch auf diesem Punkt das Beste vom Besten zeigt. Besonders die Neapolitaner waren in früheren Jahrhunderten ganz groß auf dem Gebiet der »finimenti«, des Krippenzubehörs. Was sie aufboten an naturgetreu geformtem Obst und Gemüse, Geflügel, Wild, Schweinehälften, an Körben, gefüllt mit Eiern, Butterknollen und Käselaiben, aber auch an echtgoldenen Gaben der Heiligen Drei Könige an das Jesuskind (winzige Platten, Kästchen, Pokale usw.) grenzt ans Wunderbare. Schauen Sie sich diese Miniaturen genau an, ehe Sie ans Ausgestalten Ihrer eigenen Krippe gehen. Natürlich werden Sie nie und nimmer mit den Museumsstücken Schritt halten können, immerhin aber erhalten Sie Anregungen und können das eine oder andere aus Zinn, Holz, Binsen, Wachs, Fimo, Plastika usw. nachempfinden. Vor allem können Sie kleine Körbe flechten, wozu sich in der Natur bestimmte Gräser, z. B. Sumpfbinsen, anbieten. In diese Körbchen können Sie verschiedenes legen, was Sie aus knetbaren Massen geformt und angemalt haben. Sie können Erbsen hineinlegen, die wie winzige Äpfel aussehen, wenn Sie sie rot und gelb anmalen. Auch Maiskolben können Sie machen, indem Sie die unteren zugespitzten Enden von hölzernen Zahnstochern erst in Leim und dann in Polenta tauchen. Ganz ähnlich werden Trauben gemacht, nur daß hier an Stelle der Polenta Hirse steht oder Mohnsamen.

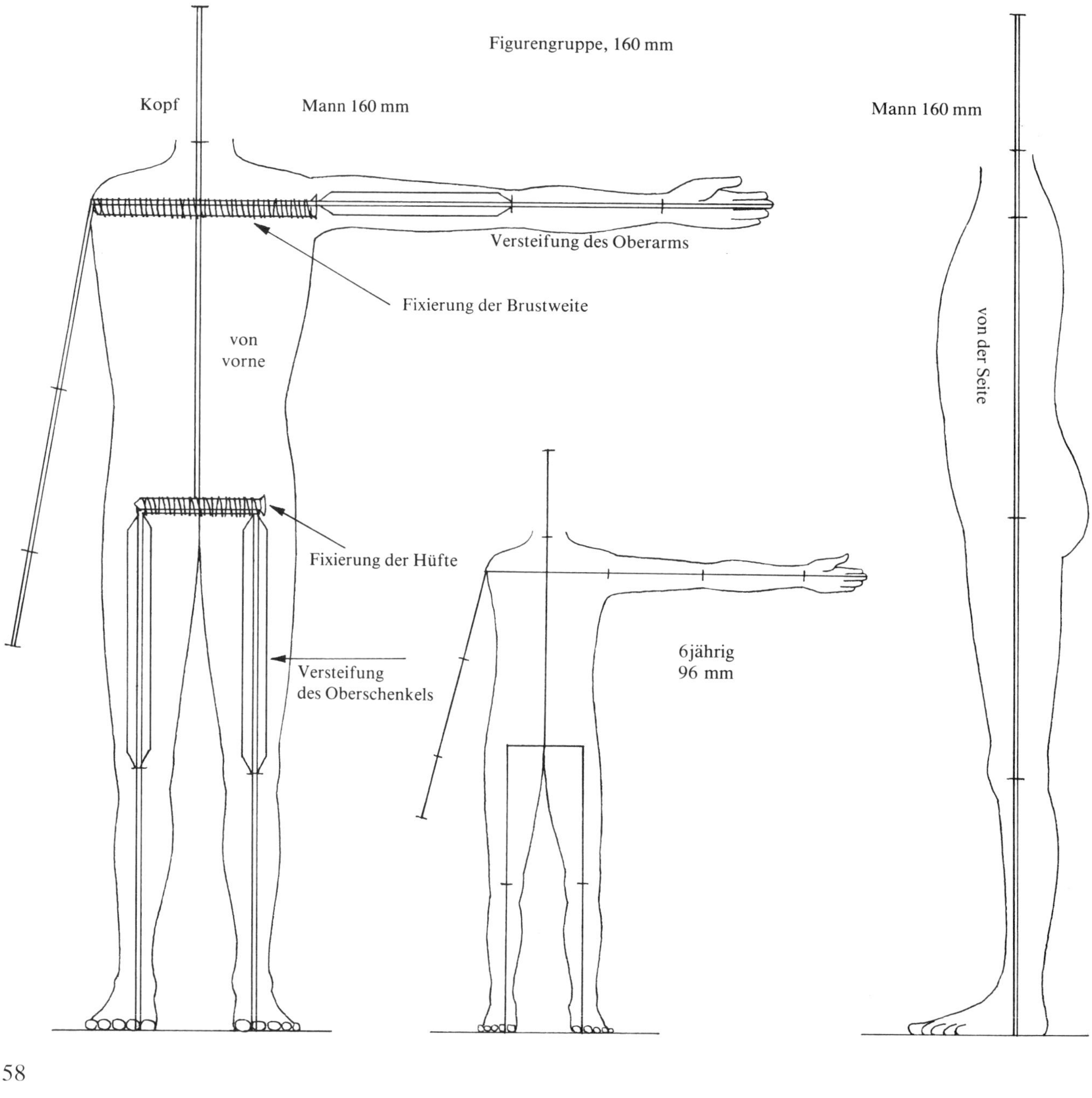

Figurengruppe, 160 mm
Kopf
Mann 160 mm
Mann 160 mm
Versteifung des Oberarms
Fixierung der Brustweite
von
vorne
von der Seite
Fixierung der Hüfte
Versteifung
des Oberschenkels
6jährig
96 mm

Figurengruppe, 150 mm

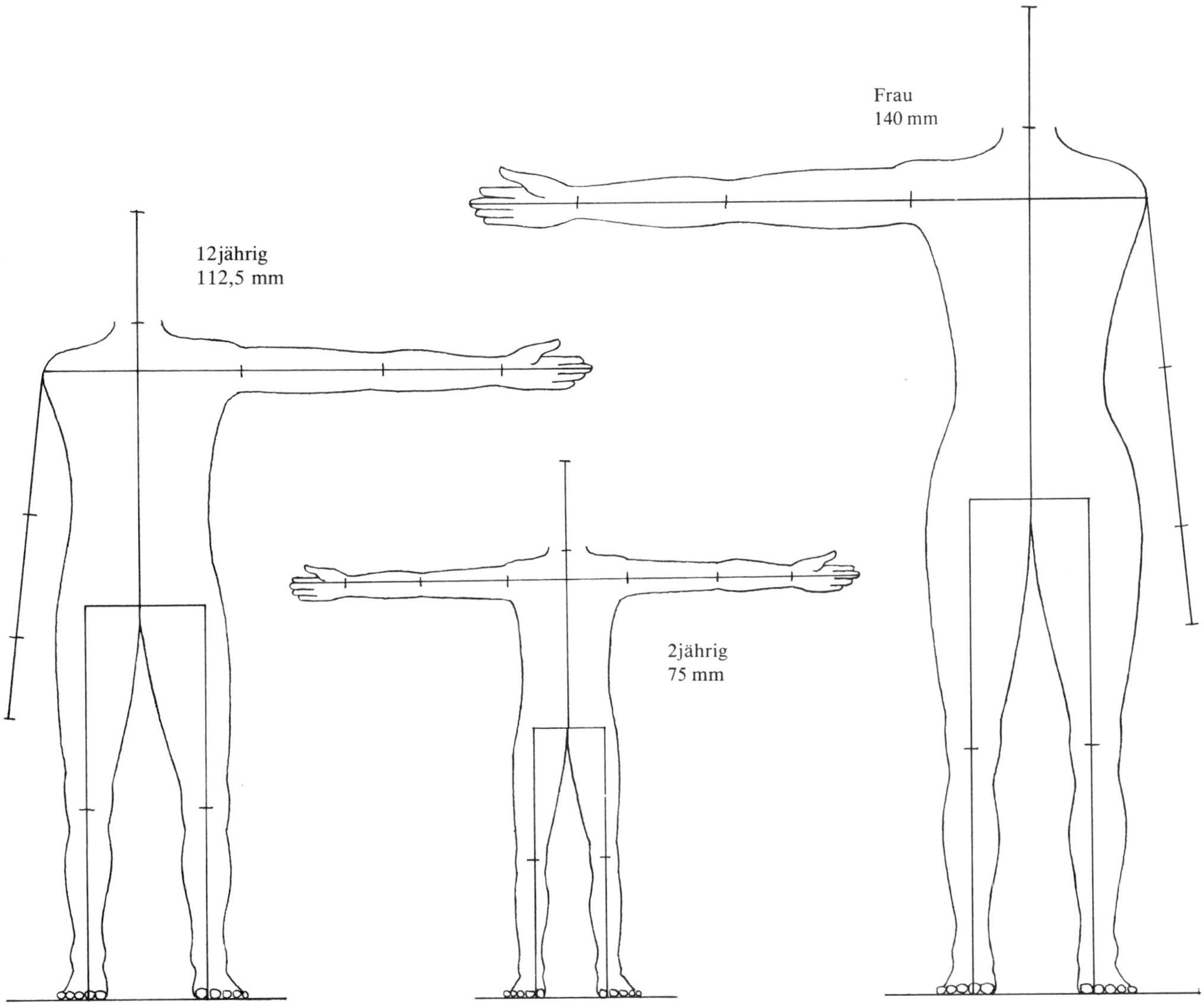

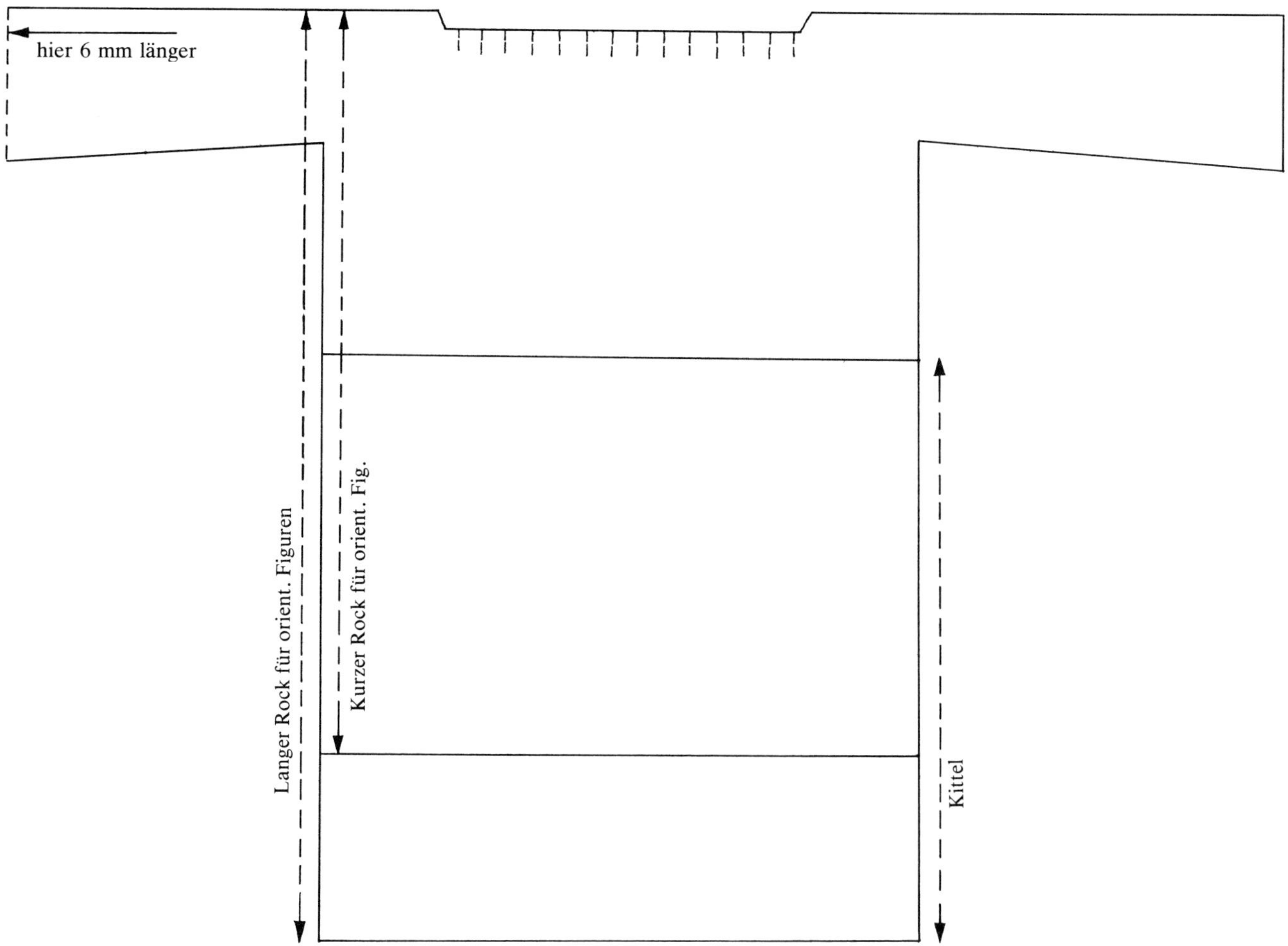
hier 6 mm länger
Langer Rock für orient. Figuren
Kurzer Rock für orient. Fig.
Kittel

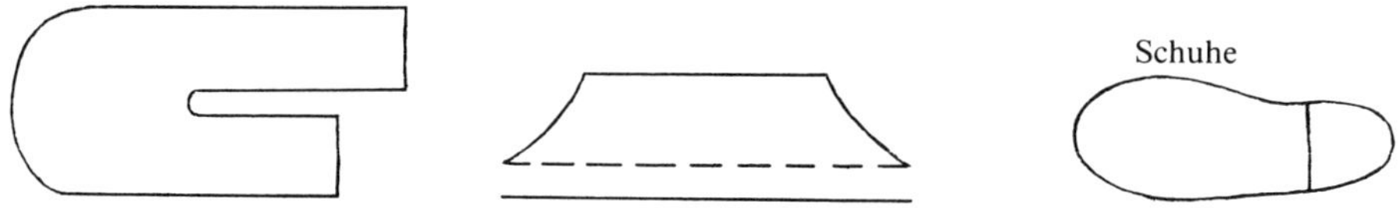
Schuhe

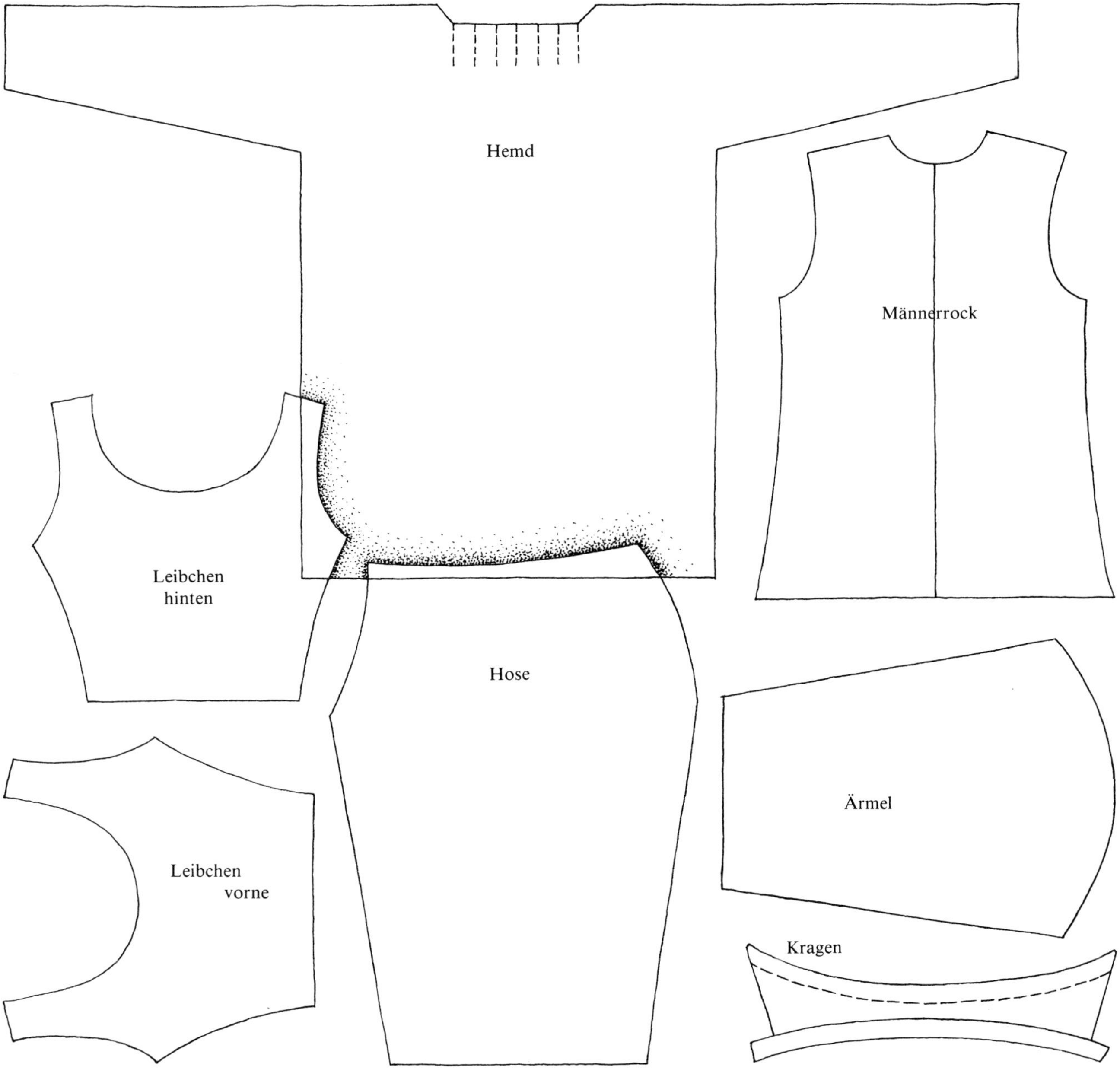
Hemd
Männerrock
Leibchen
hinten
Hose
Ärmel
Leibchen
vorne
Kragen

Krippenfiguren aus Pfeifenputzern

(Figurenhöhe ca. 10 cm)

An eine solche liebenswerte Krippe mit vielen Figuren sollte man sich nur heranwagen, wenn man auch wirklich gewillt ist, mit Akribie und Sorgfalt zu arbeiten, und außerdem entschlossen ist, nicht mit der Stoppuhr ans Werk zu gehen. Die Figuren sind – so werden Sie uns zugeben – reizend, nur eben mit viel Arbeitsaufwand verbunden. Die Arbeit beginnt schon mit dem Zusammensuchen des Materials, das ausgesprochen vielfältig ist. Um sie Ihnen zu erleichtern, listen wir Ihnen die wichtigsten Gegenstände auf, die Sie sich zweckdienlicherweise bereitlegen sollten, ehe Sie mit dem Basteln beginnen. Wir geben bewußt nur das Material an, damit Sie nach dieser Liste einkaufen und in Ihren Beständen stöbern gehen können, gehen aber im Anschluß noch darauf ein.

Das Material

Pfeifenputzer für die Skelette; als am zweckdienlichsten haben sich die englischen namens »Wooley« bewährt, die nicht so leicht brechen wie andere Marken.
Wolle für Gesichter, Tiere usw.; hier habe ich die besten Erfahrungen mit der Wolle der Marke »Orchidee« von Springer gemacht, eine Stickwolle, die es in vielen feinen Nuancen gibt; für die Gesichtsfarbe können Sie die Nr. 2292 wählen, ein »schmutziges« Rosa; für das Fell der Schafe Nr. 2800 (reinweiß) oder Nr. 2149 (gedecktweiß). Außerdem benötigen Sie rostbraune, nicht zu starke Wolle für den Ochsen und graue für den Esel.
Wollreste in beliebiger Farbe zum Überwickeln der Pfeifenputzer. Feine Stopfwolle in den Tönen Braun, Grau und Weiß, unter Umständen auch meliert zum Umwickeln der Hörner beim Ochsen und dem Sticken der Haare und Bärte der Figuren. Nähseiden in verschiedenen Rosétönen für die Münder der Figuren, Grau und Blau oder Grünlich für die Augen, Bräunlich für die Augenbrauen.

Materialien für die Kleidung:
Nichtfransende Woll-, Popeline- und Seidenstoffe in gedämpften Tönen, kleingemustert oder unifarben;
Futterstoffe, sehr dünn, zum Füttern der Umhänge;
dünne Lederreste in gedämpften Farben;
Fellreste, nur von extrem dünnem und weichem Fell, z. B. Schafsfell für die Schafe;
Geschenkbänder zum gelegentlichen Einfassen der Stoffe, nicht zu vordergründig glänzend, weich und geschmeidig;
dünnen Draht zum Einlegen in die Umhänge;
Metallfolie oder »Bouillon« für die Heiligenscheine;
Aufputzmaterial für die Gewänder der Könige, wie Perlen, Perlschnüre, Pailletten, Goldborten usw.
Rinde, Holzbrettchen, Holzstäbchen, Strohhalme für den kleinen Stall und den Krippentrog.
Ganz grundsätzlich ist zum verwendeten Material zu sagen: für die Figurenhöhe von 10 – 12 cm dürfen die Stoffe nicht zu dick sein, da sonst ein »pamstiger« Eindruck entsteht. Aus diesem Grund ist Filz abzulehnen. Was die Farben anbelangt, so verwenden Sie alle gedeckten Töne wie ein weiches Braun, Oliv- oder Flaschengrün, Senfgelb, Ocker, Blaugrau, Ziegel- oder Weinrot, gedecktes Weiß usw. Oft ist es gar nicht leicht, diese Töne in einer Materialart zu finden, die nicht fransend ist. Da kann man sich recht gut mit Lederresten behelfen, die man entweder besitzt oder sich in Schuhmachergenossenschaften oder im Hobbyhandel besorgt.
Allerdings muß man bei Lederresten sehr auf die Stärke achten – je feiner, je weicher das Material ist, desto besser. Dasselbe ist auch von den Fellresten zu sa-

28
Gesamtansicht der Pfeifenputzer-Krippe

gen, die darüber hinaus auch nicht zu langhaarig sein sollten.

Der Auswahl der verwendeten Materialien und der angewandten Farben kommt bei dieser Krippe die allergrößte Bedeutung zu. Sie selbst können entscheiden, ob sich die Figuren einer antiken oder einer rustikalen Wohnatmosphäre anpassen. So ist es auch bei der Auswahl der Weihnachtsgeschenkbänder. Bitte wählen Sie keinesfalls solche aus, die zu grell goldfarben sind oder auch zu steif, um sich feinen Rundungen der Gewänder anzupassen.

Ebenso wichtig oder sogar noch wichtiger ist die Wahl der verwendeten Wollen. Ist es an sich ganz gleichgültig, mit welchen Wollresten Sie das aus Pfeifenputzern gebildete Skelett umwickeln, so bedeutungsvoll ist die Wahl der richtigen Wolle zum Beispiel zum Sticken der Gesichter. Vor allem müssen Sie darauf achten, daß die Wolle absolut glatt, d. h. nicht gedreht ist. Gesichter, die mit gedrehter Wolle gestickt wurden, sehen gräßlich aus und machen es Ihnen zudem unmöglich, Augen, Augenbrauen und Mund mit Nähseide einzusticken. Wenn es sich bei besonders kleinen Gesichtern als nötig erweist, können Sie die Wolle sogar spalten.

Weiters kommt den Farbtönen der Wolle, die Sie für die Gesichter selbst verwenden, eine große Bedeutung zu. Auch die Menschen haben nicht ein und dieselbe Gesichtsfarbe, so sollten auch bei Ihren Krippenfiguren die Gesichtsfarben variieren. Haben z. B. Maria und die Engel ein sehr schwach getönte Farbe (im Handel sehr schwer zu finden, deshalb unser Tip, die oben angegebene Nummer der »Orchidee«-Wolle zu verwenden), so kann diese beim Josef und den Hirten schon viel kräftiger sein. Der Mohrenkönig wird überhaupt aus schwarzer Wolle gemacht und hat leuchtend rote Lippen und – damit sie sich vom Teint abheben – weiße Umrandungen der Augen. Die kleinen Händchen wickeln und sticken Sie mit der glei-

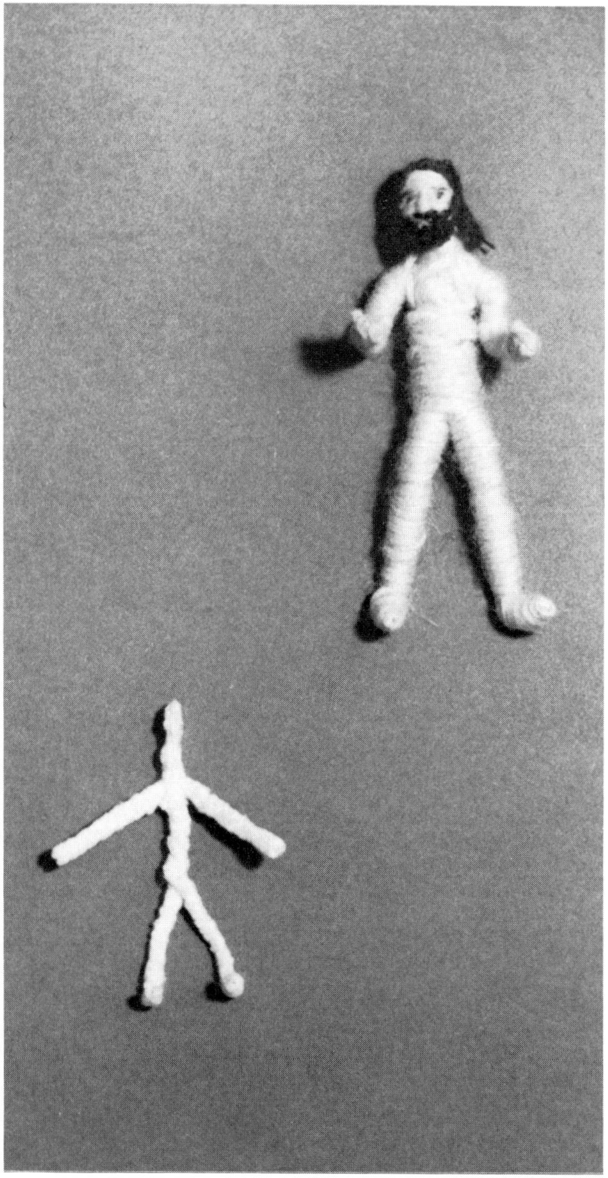

29 Das Zusammendrehen und Umwickeln der Figuren

chen Wolle, die Sie für die Gesichter verwendet haben. Wenn es Ihnen technisch möglich ist, sticken Sie einen kleinen Daumen.
Für das Sticken der Gesichtszüge mit Nähseide benötigen Sie verschiedene Töne, von Roséfarben für die Münder zu Grau, Blau oder Grünlich für die Augen.
Eine große Bedeutung kommt bei unserer vorliegenden »gekleideten« Krippe den Tieren zu. Besonders liebevoll haben wir die Schafe gestaltet, die wir mit Absicht nicht einheitlich im Farbton gemacht haben. Die neugeborenen Lämmer haben bei uns ein reinweißes Fell, die alten Tiere sind schmutzigweiß. Soweit vorhanden, kann man den Schafen ein echtes Fell geben; man kann es aber auch sticken aus Bouclèwolle. Für den Esel kann man mittelgraue Wolle verwenden, unter Umständen auch eine leicht melierte Sorte.
Nun, gehen wir einmal von der Annahme aus, Sie wollten sich eine »gekleidete« Krippe bauen, genau nach unserem Muster.
Sie hat den Vorteil, mit einer Figurengröße von 10 – 12 cm nicht mehr Platz als 30:40 cm zu beanspruchen, je nachdem, wie viele Figuren Sie machen und wie groß Sie den Stall oder Unterstand anlegen. Wenn Sie auf das Weihnachtsfest hinarbeiten, sollten Sie auf jeden Fall rechtzeitig im Herbst mit den Vorarbeiten beginnen. Sie werden feststellen, daß Sie pro Figur (je nach Art der Kleidung und Ausschmückung) 4 – 6 Stunden benötigen werden.

Die Figuren

Beginnen wir zunächst mit den Figuren. Ihr Skelett besteht aus Pfeifenputzern, die allerdings zu kurz geschnitten sind. Man muß sie deshalb unauffällig stükkeln, was durch Zusammendrehen der Enden geschieht. Unserer Abb. 29 ist zu entnehmen, wie das Skelett einer normalen Figur aussieht, wobei es sich um eine Kinderfigur handelt, während die umwickelte Gestalt daneben einem 10-cm-Mann entspricht. Beim Legen und Zusammendrehen der einzelnen Pfeifen-

putzer ist genau auf die Proportionen zu achten. Die der Arme sind ohne Belang, denn Sie können die Pfeifenputzer in beliebiger Länge abschneiden. Sehr wichtig hingegen sind die Proportionen der Füße, der Beinlänge, des Körpers und des Kopfes. Am besten verfahren Sie so, daß Sie aus zwei Pfeifenputzern die beiden Arme mit den Füßen formen, das Material zwecks Formung des Leibes zusammenzwirbeln, wobei Sie in Armhöhe kleine Lücken lassen, durch die Sie die Arme ziehen können. Bei kleinen Figuren reicht die Länge der Pfeifenputzer noch zum Formen des Kopfes, sonst muß dieser angesetzt werden, schon ein wenig ausgebeult ausgeformt und die Pfeifenputzerenden in den Leib verzwirbelt. Was die angepeilte Größe der Figur anbetrifft, so wird das fertige Produkt um ca. 1 cm größer als sein Skelett. Der dazukommende Zentimeter entsteht durch Umwickeln und Sticken mit Wolle.
Und mit dieser wollen wir nun zu wickeln beginnen. Wo Sie den Anfang machen, bleibt Ihnen überlassen. Hier zeigt sich der Vorteil der Pfeifenputzer gegenüber einem normalen Draht, von dessen glatter Oberfläche die Wolle, vor allem an Armen und Füßen, ständig abrutscht und so das Arbeiten sehr erschwert. Mit welcher Wolle und in welcher Farbe Sie die Wikkelung ausführen, ist ohne Belang, da der Körper ja anschließend bekleidet wird. Wichtig in bezug auf Qualität und Farbe sind lediglich Gesichter und Hände.

Die Gesichter
Das Schwierigste bei dieser Art von Krippenfiguren ist die gekonnte Ausführung der Gesichter. Schon das Wickeln der Wolle zur Erzielung des Kopfumfanges bedarf einer gewissen Geschicklichkeit. Der Kopf muß in der richtigen Proportion zum übrigen Körper stehen. Die Nase wird mit geteilter Wolle aufgestickt, so daß sie leicht vorspringt. Eine der nettesten, weil kreativsten Arbeiten ist das Sticken der Gesichtszüge mit den entsprechenden Nähseiden und das der Haare, bei Männern auch der Bärte mit Stopfgarn. Mit geringen Mitteln können Sie variieren zwischen jungen, braunhaarigen Hirten ohne Bart zu alten, weißbärtigen Hirten oder Königen. Der Muttergottes können Sie z. B. eine schlichte Mittelscheitelfrisur in einem sehr hellen Braun oder Blond geben. Alle diese Figuren sollten Sie fertigstellen, ehe Sie ans Bekleiden gehen. Anders ist es, wenn Sie z. B. einem Engel »Stoppellocken« geben wollen, die sich während des oftmaligen Probierens der Kleidung total auflösen würden. Bei komplizierten Frisuren raten wir deshalb, die Figur ganz fertig zu machen und als letztes die Frisur aufzusetzen. Wir haben auch versucht, echte Haare anzubringen; das sieht sehr hübsch aus, ist aber ziemlich mühevoll zu machen.

Die Bekleidung
Was die Bekleidung der einzelnen Figuren anbelangt, so bleibt da sehr viel Ihrer Phantasie und Ihrem Geschmack überlassen, sowie dem Material, das Sie zur Verfügung haben. Bei der Farbwahl achten Sie bitte darauf, daß die Farben untereinander gut »passen« und nicht ein Ton hervorsticht. Außerdem sollten die Farben etwas Typisches an sich haben. So wird man wahrscheinlich Maria in hellere Töne kleiden – in unserer vorliegenden Krippe in rosa Seide – oder in Hellblau; die Engel desgleichen. Den Josef und die Hirten kann man untereinander ähnlich kleiden, also z. B. in braune Lederhosen mit Wams, einem übergeworfenen Fell, umgehängtem Lederbeutel usw. in Grün-, Braun-, Rostrot-, Senfgelbtönen. Die Drei Könige können in gedecktes Purpur, in mattes Blau mit Gold usw. gekleidet sein.

Prinzipiell zieht man den *Männern* erst einmal die Hosen an, die aus zwei nicht zu weiten Röhren bestehen, die man in der Mitte zusammennäht. Dieses Zusammennähen kann direkt auf der Figur erfolgen, wie auch das restliche Einkleiden, da ja nicht erwartet

30 bis 33:
Die Geburtsgruppe. Die kleine Futterraufe ist aus dünnen Brettchen zusammengeleimt. Der hl. Josef trägt ein fließendes Gewand. Das Kleid der Maria ist gleichfalls weit geschnitten und aus Seide. Wenn die Herstellung eines Jesukindes zu schwierig erscheint, kann man sich mit einem solchen aus Wachs behelfen

Kniender Hirte. Auch hier wird die Standfestigkeit durch einen Stab erzielt. Die Lederschuhe haben Riemen, die bis unters Knie gebunden sind. Die braunen Haare sind schlaufenartig aufgestickt

Zwei stehende Hirten, bei denen die Standfestigkeit durch mit Wolle umwickelte Spazierstöcke gegeben wird. Die Kappe des linken Hirten wurde aus der Fingerkuppe eines schwarzen Handschuhs gebildet. Der rechte Hirte trägt über der Joppe einen Umhang aus Fell und einen Lederbeutel

Ein stehender, alter Hirte mit weißem Haar und Vollbart und ein sitzender Junge. Beide tragen Kappen aus Leder (Fingerkuppen von Handschuhen). Der Junge sitzt auf einem Stückchen Baumrinde

34 bis 37:
Ein sitzender Engel mit Querflöte (ein Holzstäbchen) und ein stehender Engel mit Notenblatt. Die Flügel sind aus nicht hochglänzendem Goldpapier. Beide Gewänder sind aus Seide, darübergeworfen feiner Crêpe-de-Chine

Der erste der Hl. Drei Könige. Sein Kopf ist mit einem winzigen Turban geschmückt, der von 2 Pailletten zusammengehalten wird. Der Mantel ist aus Samt, mit Straßsteinen besetzt. Das „Goldkästchen" ist ein Stückchen Holz, mit Goldfolie überzogen. Den „Deckel" bildet eine Goldborte in entsprechender Breite

Der zweite der Hl. Drei Könige. Sein Samtgewand ist mit Geschenkband eingefaßt. In den Rand ist unter dem Geschenkband ein dünner Draht eingezogen, der die Standfestigkeit erhöht

Der Mohrenkönig. Seine Krone ist ein Stückchen Goldborte mit zackigem Rand. Der Mantel besteht aus Samt und ist gefüttert. Zwischen Stoff und Futter wird ein entsprechend geformter Draht eingelegt, der die Standfestigkeit ergibt. Die Schnabelschuhe bestehen aus Goldband. An den unteren Saum des Gewandes wurde ein Streifen Fell genäht

wird, daß man die Figuren an- bzw. umziehen kann. Sobald die Hosen festgenäht sind, kann man die Schuhe machen, die besonders nett und typisch aussehen, wenn sie mit schmalen Bändchen bis unters Knie gebunden sind. Hier haben Sie den Schnitt für solche Schuhe.

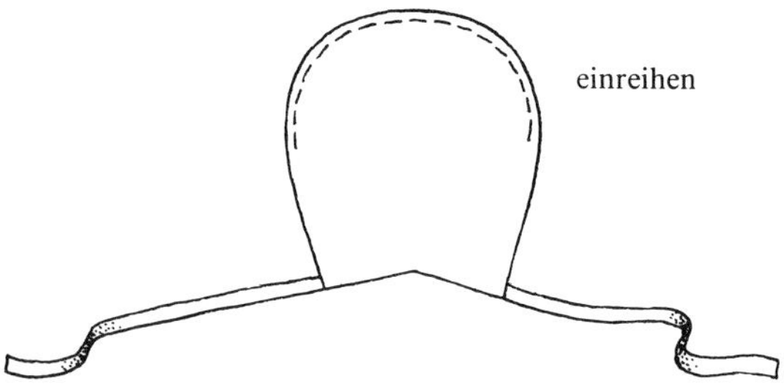

Die runden Teile werden fein eingereiht und so zusammengezogen, daß man das ganze um die kleinen Füße legen kann. Die Bändchen werden kreuzweise um die Beine gelegt und unter dem Knie hinten festgenäht.
Die übrige Kleidung besteht aus einer Art Hemd, einem Kaftan, Mänteln, Umhängen usw., für die wir Ihnen hier einige Schnitte geben wollen, die Sie allerdings der Größe Ihrer Figuren genau anpassen müssen. Größer und weiter geschnittene Umhänge schneidet man zweimal zu: einmal aus dem Stoff der Oberseite, einmal in Futterseide. Das ist aus zwei Gründen notwendig: einmal sind weite Umhänge von vorn zu sehen, zum zweiten können wir zwischen die beiden Stofflagen einen dünnen Draht einlegen, den wir so biegen, daß die Figur durch den weiten Umhang die nötige Standfestigkeit erlangt. Eine andere Methode, Standfestigkeit zu gewährleisten, ist die, die Stoffe zu raffen und an den Raffstellen festzunähen.
Apropos Standfestigkeit: das ist etwas, das vorher genau überlegt werden muß. Wir haben bei den Hirten und dem hl. Josef das Problem dadurch gelöst, daß wir ihnen als quasi drittes oder Standbein einen Spazierstock in die Hand gegeben haben, der den festen Stand gewährleistet. Auch dieser Stock wird mit Wolle umwickelt, deren Ende man mit einem Tropfen Uhu festklebt.
Um noch einmal bei den Hirten zu verweilen: besonders reizend sieht es aus, wenn sie kleine Hüte bzw. Kappen tragen. Diese schneidet man am besten aus den Kuppen alter, ausgedienter, weicher Handschuhe, vorwiegend in schwarz und braun. Man kann aber auch kleine Hüte nähen aus weichem Leder, oder man kann sie formen (in feuchtem Zustand) aus ausgezogenem schwarzen Filz.

Einige Sorgfalt benötigt die Einkleidung der *Madonna,* der man ein leicht fließendes Gewand aus extrem dünnem Stoff gibt und einen Umhang darüber, der nach Möglichkeit den Kopf einschließt. Der Einfachheit halber lassen wir die Muttergottes nicht stehen, sondern auf einem kleinen Schemel kauern, den wir aus dünnen Holzbrettchen und Stäbchen zurechtzimmern, was sehr schnell geschehen ist. Wollen wir diese Holzarbeit umgehen, setzen wir die Madonna auf ein entsprechendes Rindenstück.

Die *Engel* werden ähnlich eingekleidet wie Maria. Auch bei ihnen muß man überlegen, wie man sie postiert, damit sie nicht umfallen. Wir haben für unsere Krippe zwei Engel gemacht: einen Verkündigungsengel, den wir mit einer schlichten Stecknadel am Dach des Stalles festgehalten haben, und einen auf dem Holz des Stalles sitzenden Engel, dem man, wenn man will, auch etwas in die Hand geben kann wie z. B. eine kleine, aus Fimo geformte Flöte oder Trompete.
Sorgfalt erfordern die Heiligenscheine. Man kann sie aus Metallfolie machen, die man, um eine gewisse Festigkeit zu erreichen, doppelt nimmt, wobei es egal ist,

38, 39 und 40:
Die Schafherde. Man sieht auf der Abbildung deutlich, daß die Lämmer aus Wolle gewickelt wurden, während die Mutterschafe aus echtem Fell bestehen. Die erwachsenen Schafe haben verschiedene Haltungen, die einen tragen den Kopf hoch, andere senken ihn zur Nahrungsaufnahme. Die Hufe sind mit mittelbrauner Wolle aufgestickt

41
Esel und Ochs. Man sieht deutlich die Grundhaltung, die bei beiden Tieren verschieden ist. Der Esel trägt den Kopf hoch, beim Ochsen liegen Kopf und Rücken auf demselben Niveau. Für den Esel wurde grau-melierte Wolle verwendet, für den Ochsen braune. Die Hufe sind in abstechender Farbe aufgestickt

ob Sie eine runde Scheibe schneiden oder einen Ring. Von einiger Bedeutung ist die Größe des fertigen Heiligenscheines, der ja nicht zu gering bemessen sein sollte. Man kann den Heiligenschein aber auch aus einem anderen Material machen, das allerdings etwas schwer erhältlich ist. Es handelt sich dabei um eine Art »Bouillon« mit Drahtseele, oder um ein normales Bouillon ohne Drahtseele, in das man einen Silberdraht einzieht. Beide Drahtarten dreht man zur Rundung und verknüpft die Enden möglichst unauffällig und näht das Ganze unterhalb des Hinterkopfes der Figur fest.

Am aufwendigsten zu machen sind die *Heiligen Drei Könige,* die ja an Pracht alle anderen Figuren in den Schatten stellen sollen. Das beginnt schon beim angewandten Material; wenn er nicht zu sehr franst, kann man hier dünnen Brokat in verschiedenen Farbstellungen verwenden, dünnen Samt oder Seide. Die Ausschmückung der Gewänder kann man vornehmen mit darübergelegten Perlbändern, Goldlitzen oder z. B. extrem dünnen Geschenkbändern, mit denen man unter Umständen auch die Ränder einfassen kann.
Nach Möglichkeit sollte jeder der Könige ein Geschenk in der Hand halten, ein winziges Kästchen etwa (ein oben gerundetes Holzstückchen, das wir vorn mit Metallfolie verkleidet und am »Deckel« mit einer passenden Goldborte besetzt haben), einen kleinen Kelch, einen an einem Stab befestigten goldenen Stern usw.

Die Tiere

Am schwierigsten, aber auch am vergnüglichsten sind die Tiere zu machen. Versuchen Sie sich erst einmal an einem stehenden *Schaf,* dessen Skelett wie das der Menschengestalten aus Pfeifenputzern besteht (Abb. 38). Auch dieses Skelett wird mit Wolle überzogen, diesmal aber schon gleich in der richtigen, schmutzigweißen oder reinweißen Farbe. Sehr wichtig ist die Haltung und Länge der Beine, auf denen das Tier ja schließlich stehen soll. Der Schwanz wird kordelartig aus Wolle gedreht, der Kopf bestickt mit Ohren, die

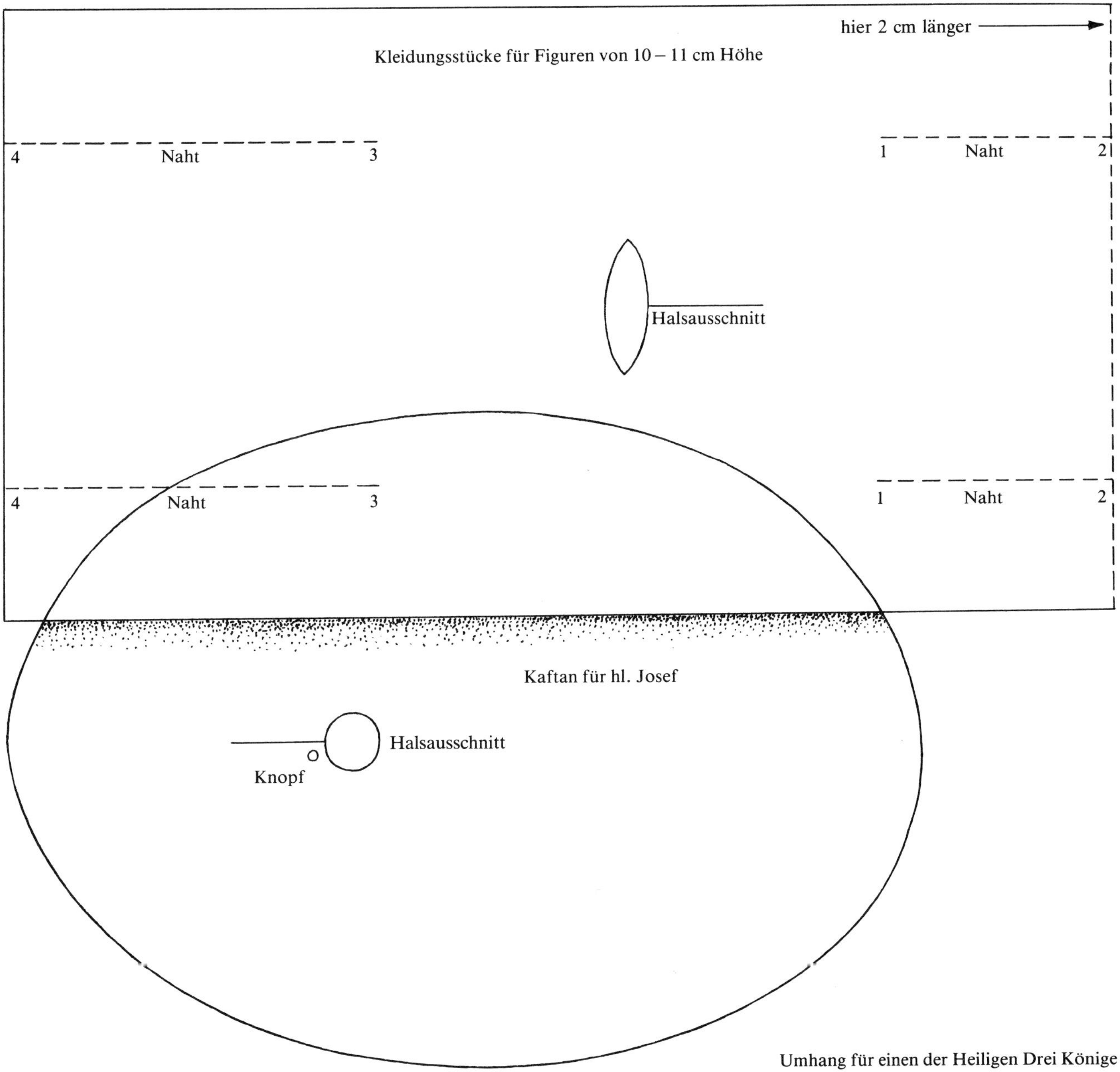

Umhang für einen der Heiligen Drei Könige

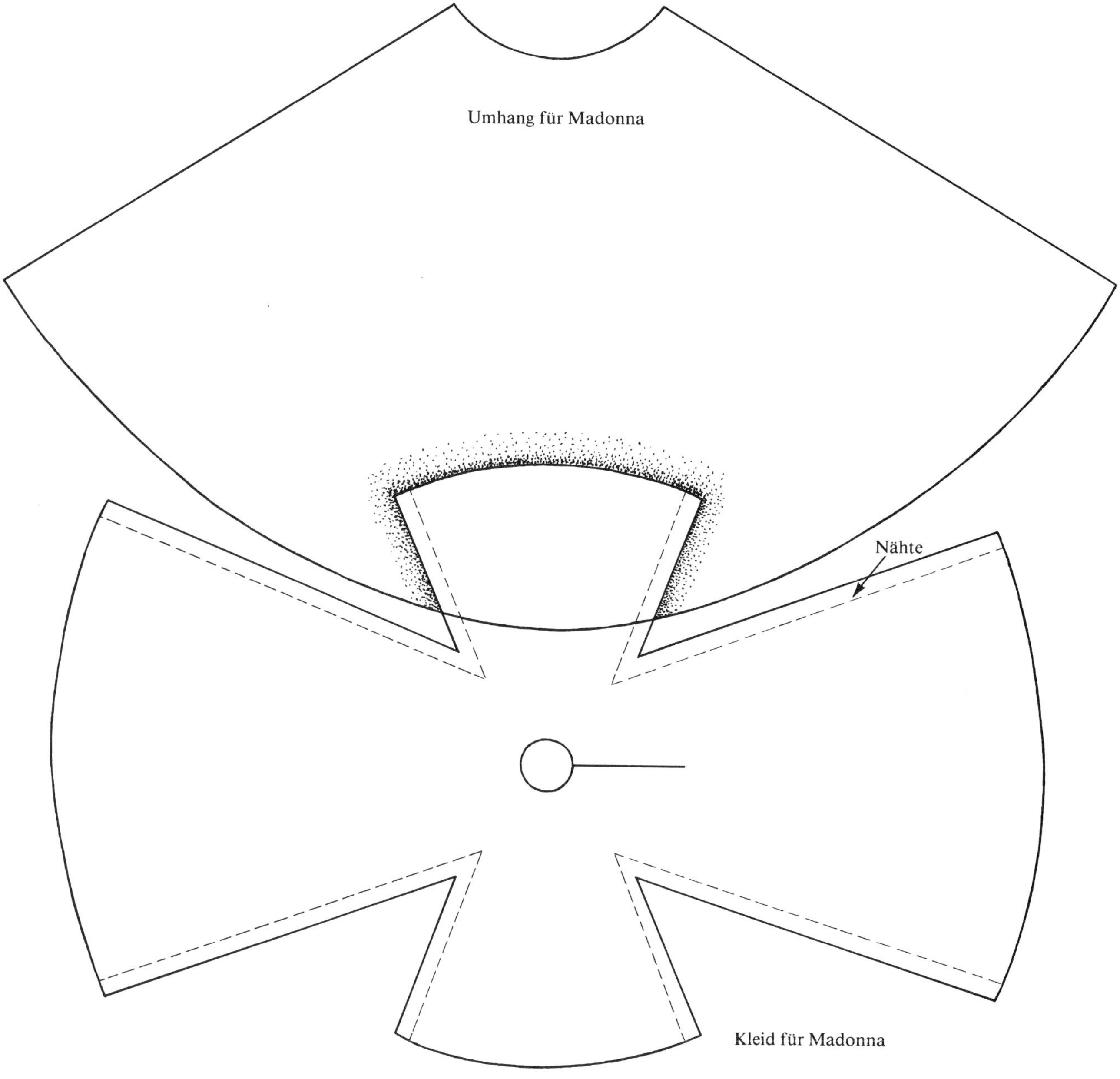
Umhang für Madonna
Nähte
Kleid für Madonna

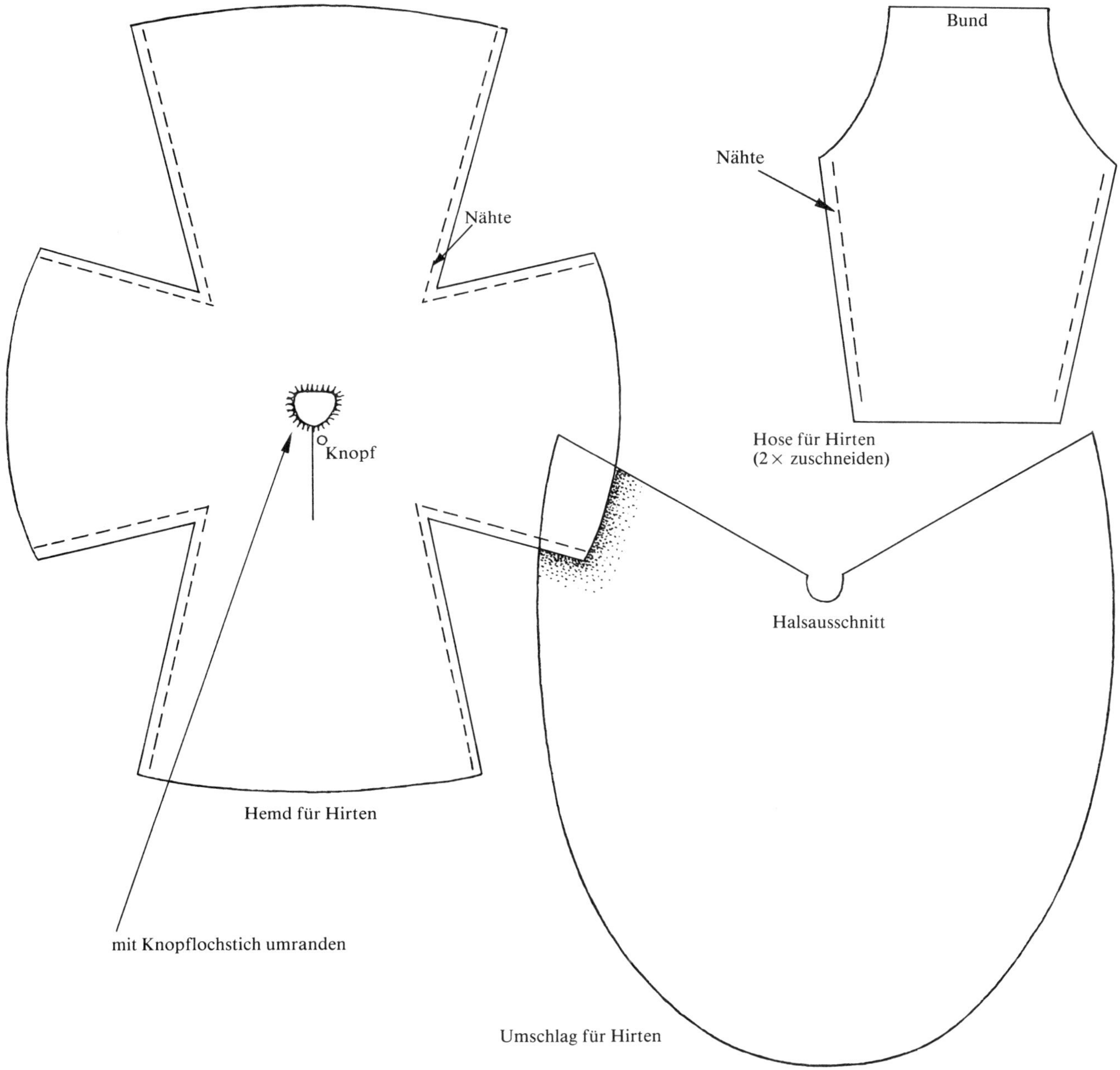
Bund
Nähte
Hose für Hirten
(2× zuschneiden)
Nähte
Knopf
Hemd für Hirten
mit Knopflochstich umranden
Halsausschnitt
Umschlag für Hirten

leicht abstehen. Das Fell besteht, wie schon erwähnt, aus einem extrem dünnen und schmiegsamen Schaffell, das man an den Übergängen zu den Wollteilen so annähen sollte, daß eben diese Übergänge nicht zu sehen sind.

Sehr liebevoll sehen die kleinen *Lämmer* aus, wie sie von den Hirten im Arm gehalten werden. Sie werden sehen, wenn Sie erst einmal begonnen haben, Tierchen zu basteln, kommt Ihnen die Lust nach immer neuen, bis Sie eine ganze kleine Herde beisammen haben, in der es auch liegende Schafe geben kann.

Etwas schwieriger als die Schafe sind *Ochs und Esel* zu machen, deren Gerippe gleichfalls aus zusammengedrehten Pfeifenputzern besteht, wobei man auf die Größenverhältnisse besonders achten muß. Der Körper wird zunächst gebildet durch Umwickeln mit Wolle, dann durch Sticken, so lange, bis die richtige Form erreicht ist. Wir hoffen, Ihnen dabei mit unserer Abb. tatkräftig an die Hand zu gehen.

Wenn Sie die Figuren fertiggestellt haben, können Sie zur Komplettierung des ganzen noch aus kleinen Hölzern und Brettchen einen kleinen Stall basteln. Wollen Sie etwas Aufwendigeres bauen, empfehlen wir Ihnen unser Buch »Weihnachtskrippen bauen«.

Gekleidete Figuren

(Figurenhöhe ca. 15 cm)

In diesem Kapitel verzichten wir darauf, Köpfe, Arme und Beine selbst zu machen und nehmen lieber die Dienste der größeren Christkindlmärkte und der einschlägigen Wachsfachgeschäfte in Anspruch, die vor allem in der Vorweihnachtszeit einiges an Krippenfiguren-Bestandteilen zu bieten haben. Eine kleine Auswahl der Dinge, die Sie dort erstehen können, zeigt Abb. 42, nämlich einen Frauen- und einen Männerkopf, ein Paar Arme und ein Paar Beine. Die größte Schwierigkeit beim Kauf solcher Teile besteht darin, alles in der richtigen Größe zusammenzufinden. Am wichtigsten ist natürlich der Kopf, an dem sich alles andere zu orientieren hat. Gelingt es Ihnen z. B. nicht, die passenden Beine aufzutreiben, so können Sie diese leicht selbst herstellen, wobei Ihnen die plastischen lufttrocknenden Massen (siehe S. 96) oder Fimo (siehe S.101) gute Dienste leisten. Wie Sie den Draht zwischen den beiden Füßen bemessen müssen, ersehen Sie aus der Abb. 42.

Das Skelett

Für den Bau des Skeletts gibt es verschiedene Möglichkeiten. Welche Proportionen der menschliche Körper aufweist, zeigt Ihnen unsere Skizze. Die Grundlage von allen ist ein Drahtgestell, das später körpergerecht umwickelt wird. Wenn Sie Köpfe erworben haben, die über Hals und Brustansatz aus Wachs verfügen, verfahren Sie zunächst so, daß Sie einen erhitzten Draht von unten einsetzen. Er ergibt das Rückgrat. Arm- und Beindrähte werden daran befestigt. Wenn es Sie ärgert, daß an dem glatten Draht jede Befestigung abgleitet, bestreichen Sie ihn mit Uhu und wickeln einige Windungen Wolle, Zwirn oder Hanf darüber. Ähnlich verfahren Sie, wenn Sie an dem kleinen Holzstäbchen, das den Kopf trägt (Abb. 42), einen festen Draht als Rückgrat befestigen müssen. Jedenfalls: Rückgrat muß sein. Von ihm stehen die Arme zu beiden Seiten ab, wobei man achtgeben muß, daß man rechts und links nicht verwechselt. Hat man das Drahtgestell geformt (in meinem Fall hatte es inclusive Kopf die Höhe von 15 cm), beginnt man, es körpergerecht zu umwickeln. Das kann mit Werg geschehen, mit dünnen, ausgewellten »Würsten« einer lufttrocknenden Masse (Efaplast, Keramiplast, DAS-pronto usw.) oder auch mit schmalen Streifen eines Baumwolltrikots. Die textile Umwickelung hat den Vorteil, daß die Figur beweglich bleibt,

42 *Solche und ähnliche Figurenbestandteile können Sie auf den größeren Christkindlmärkten und im Wachsfachgeschäft erstehen*

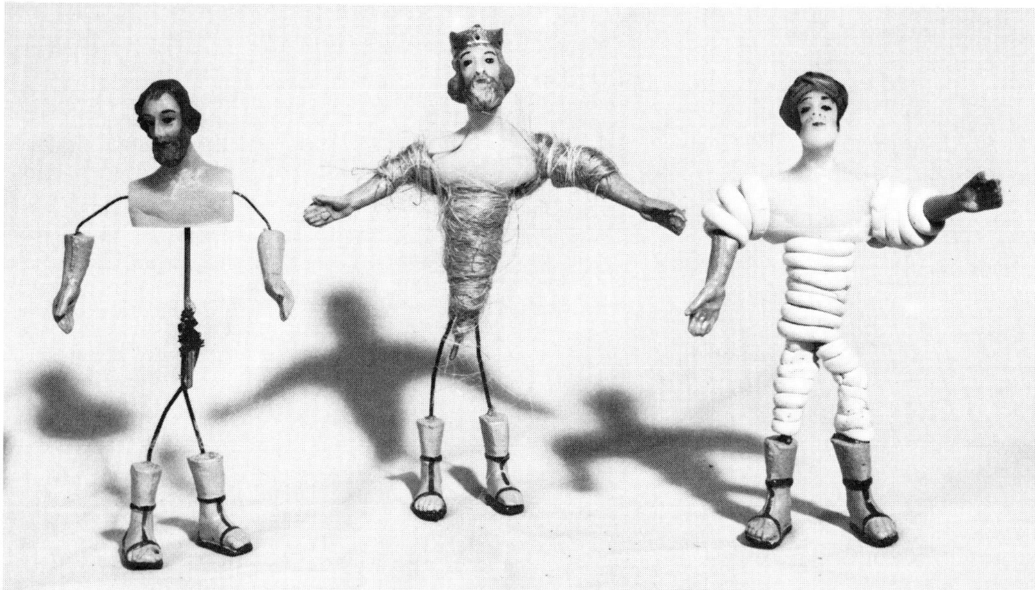

43
Möglichkeiten der Formgebung. Die linke Figur zeigt, wie das Drahtgerüst mit den gekauften Händen und Füßen zu bauen ist. Mitte: Umwickelung mit Werg. Rechts: Umwickelung mit „Würsten" einer selbsthärtenden Masse

44
Eine Krippendarstellung mit gekleideten Figuren

während die selbsthärtenden Massen große Stabilität verleihen dort, wo diese bei Figuren erwünscht ist, die »bombensicher« stehen sollen.
Sehr wichtig für das Endresultat ist es, auch wirklich körpergerecht zu arbeiten, also z. B. den Bauchumfang der Körperlänge anzupassen und auch die Oberarme und Oberschenkel richtig auszuformen. Es gibt Krippenfigurenbastlerinnen, die die Krippenfiguren mit Kapokwolle richtiggehend ausstopfen. Viele der damit befaßten Damen haben da ihre eigenen Vorgangsweisen, die sie als Geheimnis hüten; wir beschränken uns darauf, den Körper so darzustellen, daß die Kleider gut darauf sitzen.
Von großem Vorteil ist es, wenn man sich schon während der Vorarbeiten ein genaues Bild darüber zu machen imstande ist, welche Figur stehen und welche knien soll. Das vereinfacht nicht nur das Fertigen des Körpers, sondern auch das Planen der Kleidung. So muß man etwa der Madonna, die in kniender Haltung gezeigt wird, ein wesentlich weiteres Gewand geben als einer stehenden Figur. Bei den Heiligen Drei Königen ist es ähnlich.

Die Kleidung
Wenn wir nun darangehen, die Stoffe für die Kleidung auszusuchen, werden wir uns auf solche beschränken, die sehr dünn, möglichst wenig fransend, einfärbig oder ganz klein gemustert sind. Auch die übrigen Zutaten wie z. B. Goldborten sollten nicht zu wuchtig sein.
Mit Absicht haben wir die Kleidung der vorliegenden Figuren nach sehr einfachen Schnitten gearbeitet, damit sie auch von Jugendlichen oder ungeübten Bastlern kopiert werden kann. So habe ich mich bemüht, möglichst viel aus einfachen Rechtecken zu machen.

Das sehen Sie besonders deutlich bei dem *stehenden König* auf der rechten Seite unserer Abb. 44. Für seine Bekleidung habe ich zunächst einmal aus einer hell-

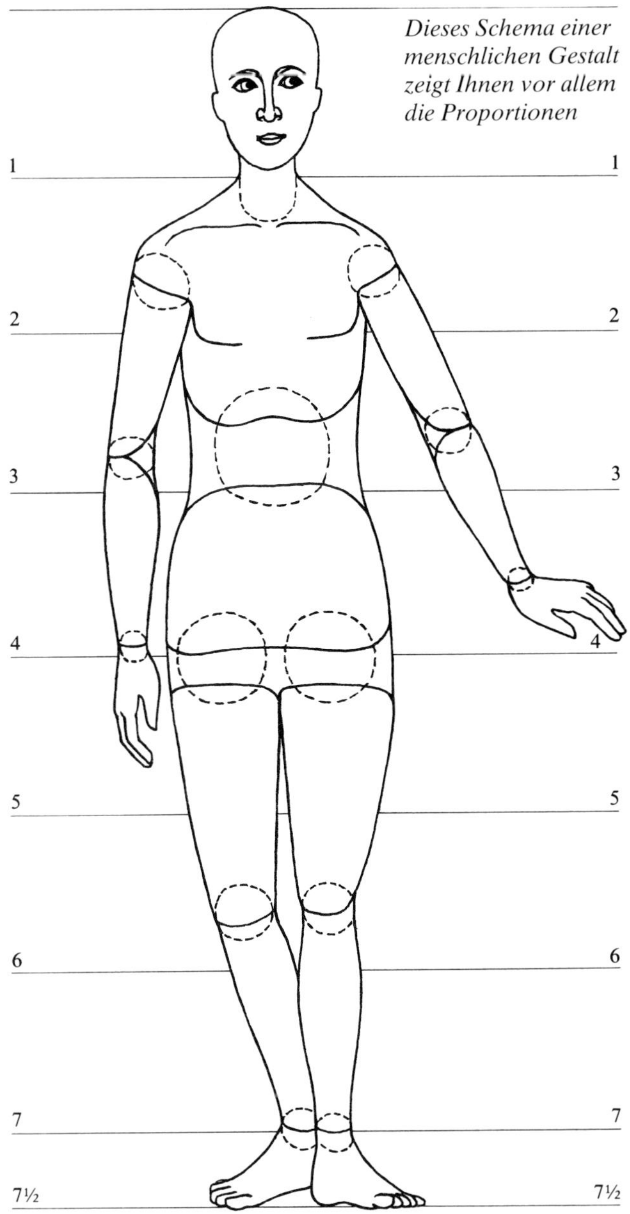

Dieses Schema einer menschlichen Gestalt zeigt Ihnen vor allem die Proportionen

45 und 46:
Die Heiligen Drei Könige

Die Geburtsgruppe mit gekleideten Figuren

47 und 48:
Erste Vorarbeit der Einkleidung der Madonna: ein weißes Untergewand aus feinem Leinen

Das Übergewand der Madonna

grauen Reinseide die Ärmel zugeschnitten, zwei kleine Rechtecke von 6,5 cm Breite und 9 cm Länge. Diese sind so über die Arme und den Oberkörper gelegt, daß sich die beiden Streifen jeweils über der Brust und am Rücken kreuzen. Diese Kreuzungspunkte sind am Werg des Skelettes festgenäht. Dann habe ich die beiden Ärmelnähte geschlossen und unten am Handgelenk eingezogen. Eine extrem schmale Goldlitze ergibt den Abschluß. Ein weiteres Rechteck bildet das Gewand. Ich habe mich orientiert am unteren Saum, der immerhin so weit sein mußte, daß die Figur, für die ich keine Füße mehr zur Verfügung hatte, darauf stehen kann. Die einfache Weite von Vorder- und Rükkenteil mißt 13,5 cm. Ich habe also ein Rechteck zugeschnitten von 13,5 cm Breite und der doppelten Körperhöhe ohne Kopf; d. h. mein König mißt vom unteren Ende bis zum Halsansatz 13 cm; mit der Zugabe für die beiden breiten unteren Umschläge also zusammen 29 cm. Das Rechteck hatte also die Maße 13,5 : 29 cm. (Nach dieser Berechnung können Sie jedes andere Maß nehmen). Dieses Rechteck habe ich der Länge nach gefaltet und ein kleines Loch für den Kopf geschnitten, gerade knapp so groß, daß man es der Figur überziehen kann. Die beiden Schulternähte habe ich stark eingezogen, was einen üppigen Fall des Gewandes ergibt. Dann werden die Seitennähte geschlossen, und zwar etwas verlaufend von oben nach unten; d. h. das Gewand hat nur am unteren Saum die volle Weite. In der Taille ist eine tiefe Falte gelegt, die mit einer Goldpaillette befestigt wird. Den unteren Saum habe ich nach innen umgenäht und die Nahtstelle mit einer dünnen Goldkordel beklebt. Dieselbe Kordel verdeckt auch den Halsausschnitt.

Nach demselben Muster wird auch der *heilige Josef* gemacht, nur daß Ärmel und Gewand diesmal aus demselben Stoff bestehen, aus brauner reiner Seide. Nach Art der Mönche hat er eine Kapuze mit Rundkragen. Der Schnitt dazu ist ganz einfach und schaut in verkleinerter Form so aus:

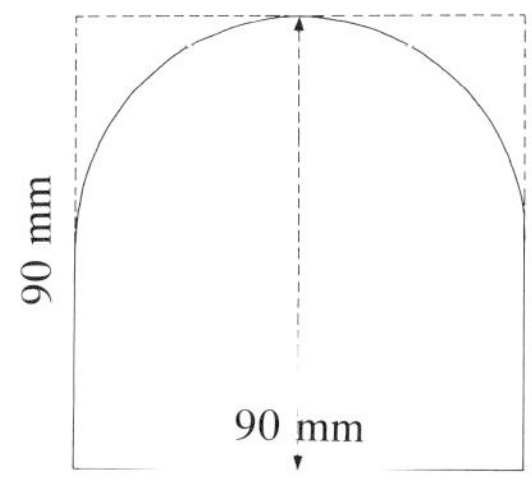

Auch die hellbeige Schärpe besteht nur aus zwei langgezogenen Rechtecken. Das erst habe ich, nachdem ich es auf beiden Längsseiten eingebogen habe, etwas in der Höhe eingereiht, so daß die Schärpe gerafft ist. Das zweite Rechteck ist gleichfalls umgebogen und über das um die Taille führende Band gezogen. Die Schärpe besteht also aus zwei Teilen, was besser ist, als ein einziges Band zu machen und um die Taille zu knoten. Die Enden stehen unnatürlich weit ab und das schaut nicht gut aus.

Den *knienden König* habe ich wieder in Rechtecke gekleidet: zwei kleine für die Ärmel, ein großes für das Gewand. Auch hier ist die Weite an den Schultern zusammengenommen.
Ein bißchen komplizierter ist der Hosenanzug des einen Königs gemacht. Zunächst habe ich ihm aus dünnem weißen Baumwollstoff ein Hemd genäht, dessen Schnitt Sie auf Seite 73 sehen, wie auch die Hose. Diese besteht in meinem Fall aus roter reiner Seide und ist oben und unten eingereiht. Um dem König ein festliches Gepräge zu geben, habe ich den runden roten Kragen mit einem Goldnetz besetzt, das sich in meinen Faschingsbeständen gefunden hat.

Die *Madonna* trägt ein weißes Untergewand (siehe Schnittseite), das an den Ärmelabschlüssen eingereiht ist. Darüber hat sie eine Art Übergewand, das aus einem Rechteck der Maße 6,5 : 24 cm besteht. In der

Mitte ist ein Loch, durch welches man den Kopf stekken kann. Das Untergewand ist um die Taille mit einer Goldkordel gegürtet. Eine ähnliche breitere Silberkordel ist am unteren Saum des Übergewandes aufgenäht. Den Mantel habe ich nach dem Schnitt zugeschnitten, den Ihnen die zweite Schnittseite vermittelt. Um ihm eine gewisse Festigkeit zu geben, sind vorn zwei Zentimeter eingeschlagen und mit Silberkordel beklebt.
Damit die stehenden Figuren einen guten Stand haben, kann man sie auf kleine grüngestrichene Brettchen kleben. Oder man bedient sich der lufttrocknenden Massen wie DAS-pronto, Efaplast, Keramiplast usw. Man formt eine kleine Platte und preßt die Füße der Figur hinein. Ist die Platte getrocknet, kann man sie grün anmalen.

Diese vorliegenden Figuren passen besonders gut in eine orientalische Krippe und müssen nur ein wenig abgeändert werden, sollen sie in einer heimatlichen Krippe Aufstellung finden. Man wird dann mehr darauf achten, *Hirten* statt der Heiligen Drei Könige agieren zu lassen. Zwei von ihnen, einen stehenden und einen knienden, zeigt die Abb. 49. Köpfe, Arme und Beine sind gekauft; das Drahtgerüst habe ich gebaut, wie am Beginn dieses Kapitels angegeben. Die Bekleidung der beiden munteren, sehr jugendlich wirkenden Burschen besteht zum Großteil aus Leder. Und das ist jetzt der Zeitpunkt, zu dem der Vorteil von feinstem, dünnstem Leder fürs Bekleiden von Figuren hervorgehoben werden soll. Im allgemeinen hat Leder dem Filz gegenüber zwei entscheidende Vorteile: es ist, wenn es wirklich von feinster Qualität ist, extrem dünn und schmiegsam, viel mehr als Filz. Der zweite Vorteil liegt darin, daß man Lederreste im Fachhandel ganz billig und in riesiger Auswahl – in herrlichen Farben – bekommt, so daß man sich beim Einkleiden der kleinen Gestalten »voll ausleben« kann. So hat unser stehender Hirte eine maisgelbe Kniehose und eine leuchtendrote ärmellose Weste, unter der die Ärmel eines weißen Stoffunterhemdes herauskommen. Der kniende Hirte hat eine dunkelbraune lange Hose und eine Art Hemd oder Kasack aus beigem Leder. Für alles finden Sie die Schnitte auf der Schnittseite.
Sehr wichtig ist die richtige Aufstellung der einzelnen Figuren, nämlich, daß sich z. B. eine kniende Gestalt in unmittelbarer Nähe des Jesuskindes befindet und nicht irgendwo im Gelände. Das Jesulein liegt im Fall meiner Krippe in einem kleinen Trog, der natürlich bezüglich der Größe der der Figuren angepaßt sein muß. Trog und Jesulein sind nicht selbstgemacht, sondern stammen vom Christkindlmarkt.
Sehr nett an dieser Art von Krippenfiguren ist der Umstand, daß man sie stärker agieren lassen kann, als dies bei Figuren aus Ton oder plastischen Massen der Fall ist. Bedienen Sie sich bitte dieses Vorteiles und geben Sie Ihren Figuren eine lebhafte Haltung, beugen Sie sie fallweise etwas nach vorn und verleihen Sie vor allem den Händen bzw. Armen eine gewisse Gebärdensprache.

49 Zwei Knaben einer gekleideten Krippe. Die Gewänder bestehen zur Gänze aus feinem Leder

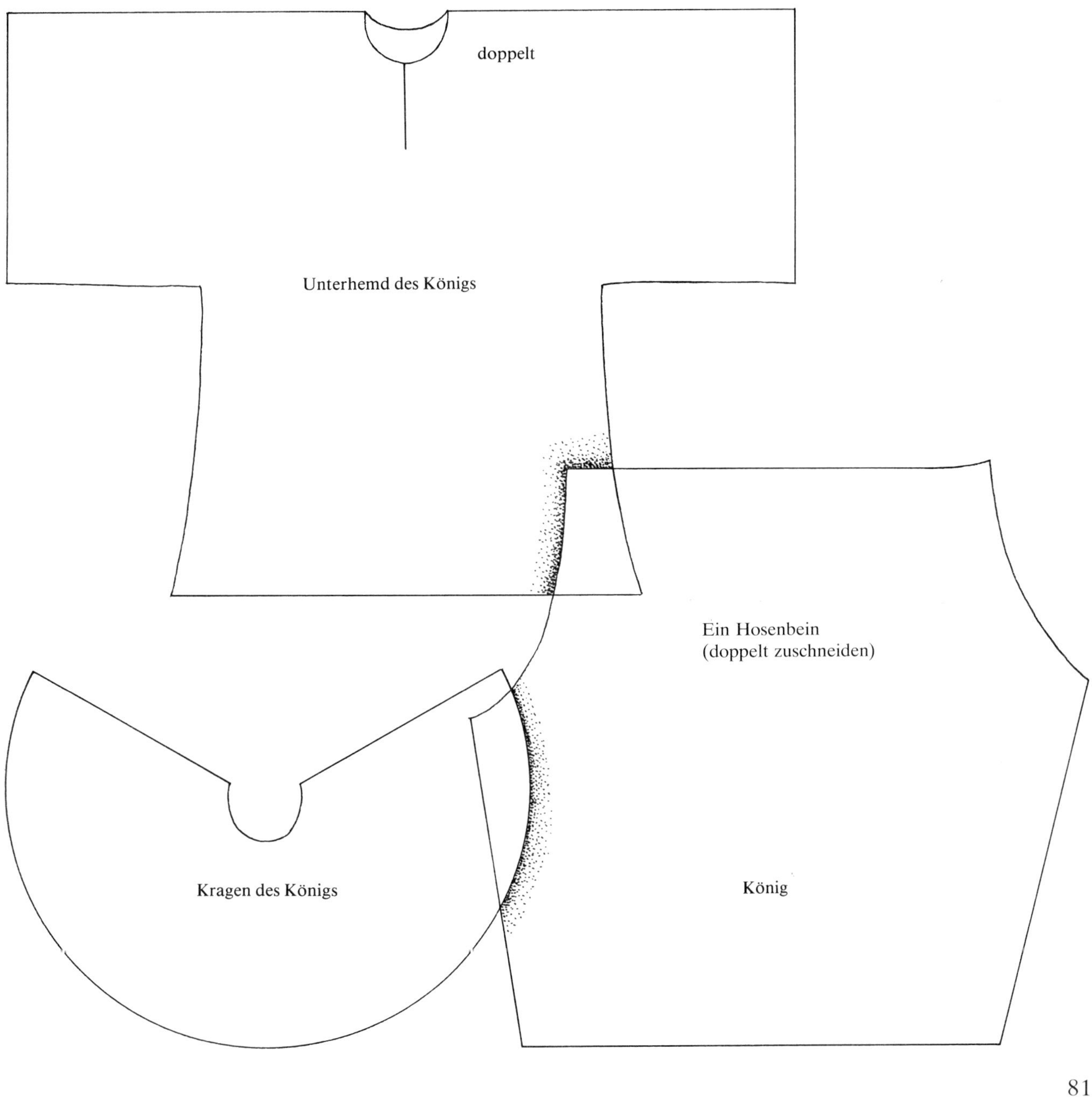
doppelt
Unterhemd des Königs
Ein Hosenbein
(doppelt zuschneiden)
Kragen des Königs
König

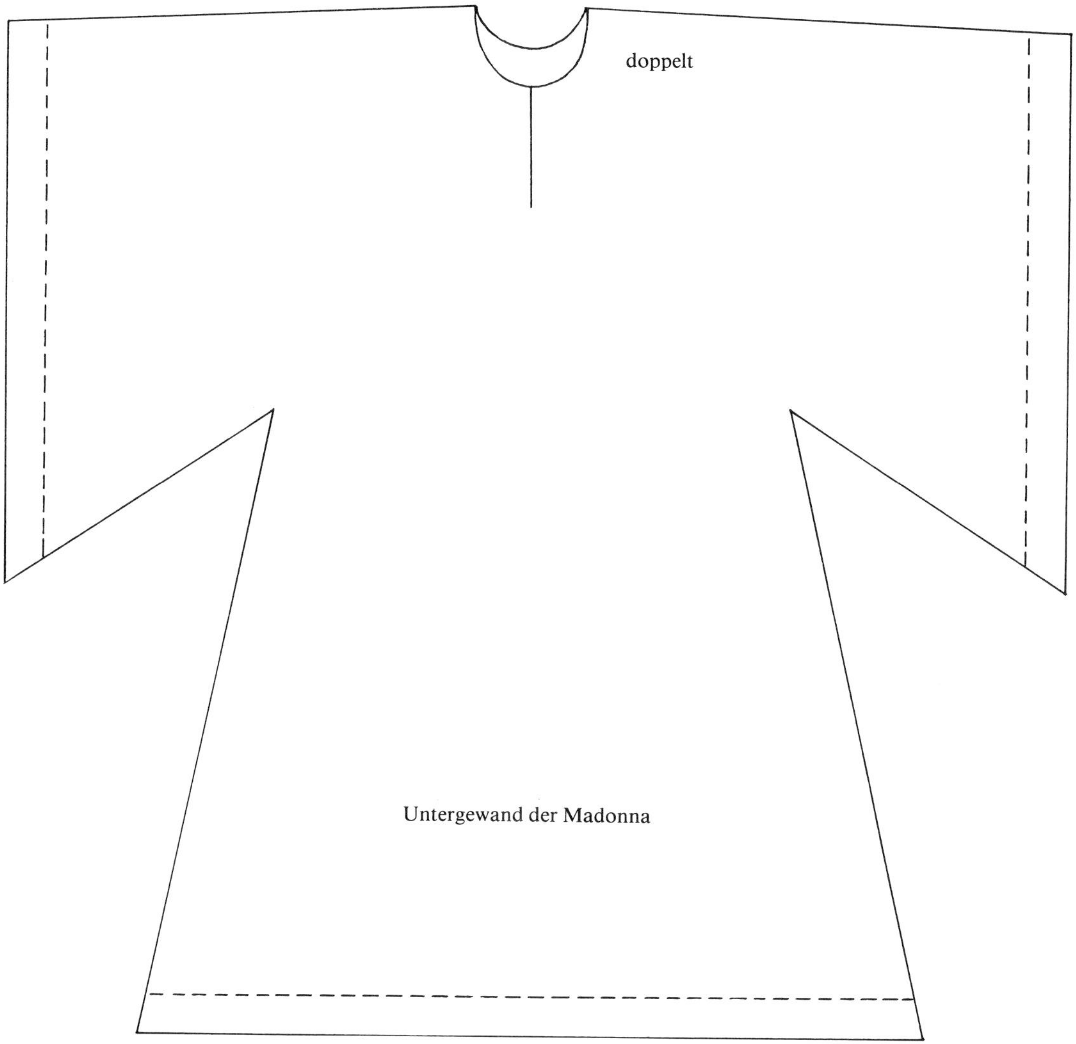
doppelt
Untergewand der Madonna

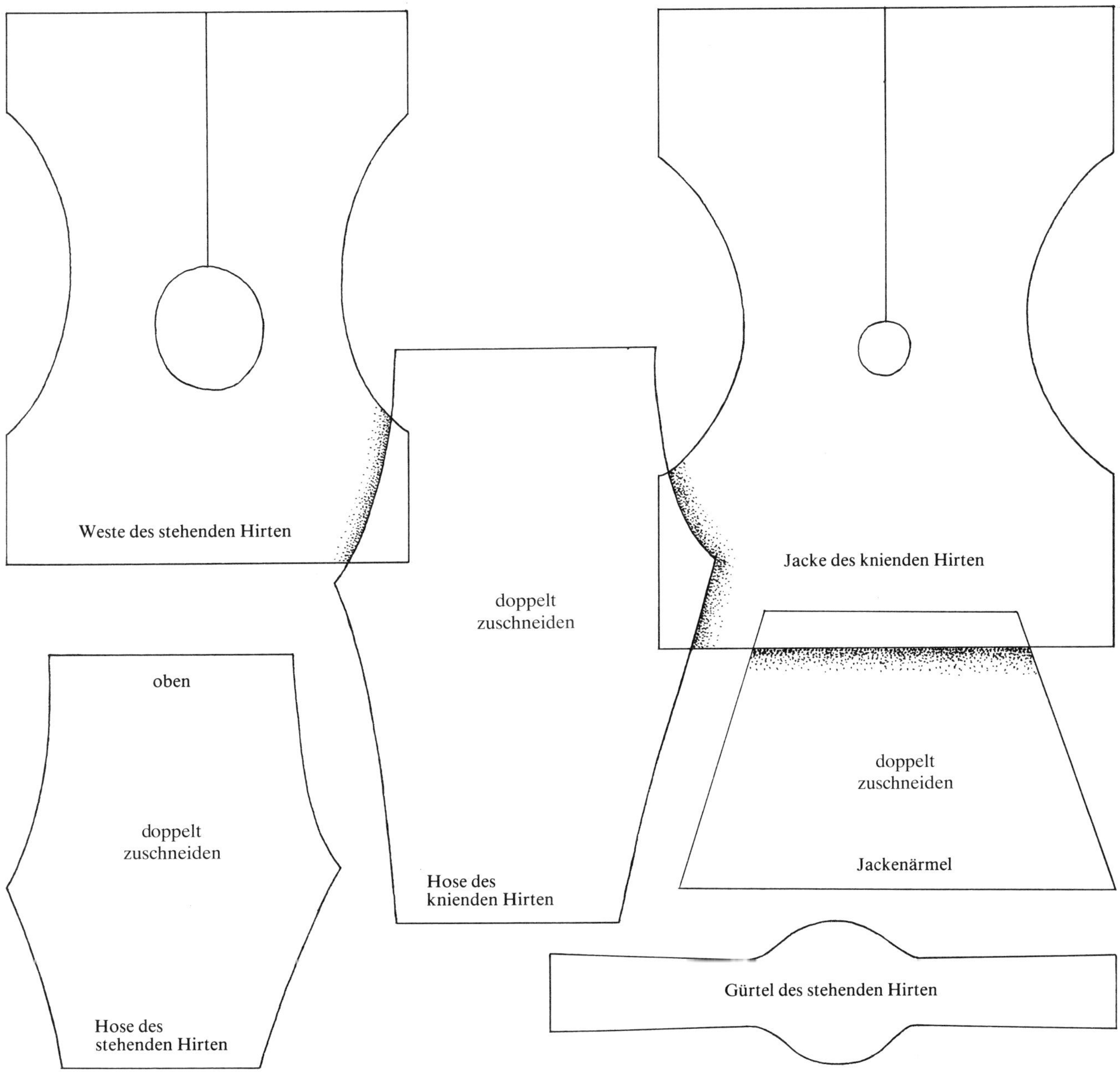
Weste des stehenden Hirten
Jacke des knienden Hirten
doppelt zuschneiden
Hose des knienden Hirten
oben
doppelt zuschneiden
Hose des stehenden Hirten
doppelt zuschneiden
Jackenärmel
Gürtel des stehenden Hirten

Filzfigürchen für die Jugendkrippe

(Figurenhöhe 9 cm)

Bei diesem Kapitel habe ich hauptsächlich an die Jugendlichen unter unseren Krippenbauern gedacht. Die Figürchen, die es vermittelt, sind ohne großen finanziellen und künstlerischen Aufwand herzustellen. Sie bestehen im wesentlichen aus Filz, sowohl was die Figur selbst, als auch was die Kleidung betrifft. Was Sie noch dafür benötigen, ist ein Chenilledraht für das Skelett. Falls es Ihnen unmöglich ist, einen solchen Draht zu erstehen – es ist ein extrem biegsamer dünner Draht mit einer Ummantelung von Chenillefasern, erhältlich in einigen Farben, wobei es völlig gleichgültig ist, welchen Farbton Sie auswählen –, können Sie sich auch mit Pfeifenputzern behelfen. Diese müssen Sie allerdings stückeln. Im Notfall ist sogar normaler Draht verwendbar, den Sie ein wenig mit Klebstoff bestreichen und mit Wolle umwickeln. Wichtig ist nur, daß der Draht seine glatte, rutschige Oberfläche verliert.

Nehmen wir an, daß Chenilledraht vorhanden ist. Für eine Figur von ca. 9 cm Höhe benötigen wir ungefähr 60 cm. Wir biegen den Draht zunächst 10 cm hoch viermal ab, was das Grundgestell ergibt. Auf der Abb. 50 ist zu sehen, wie die Arme befestigt und die Füßchen umgebogen werden.

Dieses Skelett wird mit 1 cm breiten Filzstreifen umwickelt. Wir benötigen ca. 2 m dieser Streifen. Am be-

50 So wird das Gestell aus Chenilledraht gebogen und mit schmalen Filzstreifen umwickelt

51 Maria mit dem Kind und der hl. Josef, alles aus Filz gemacht

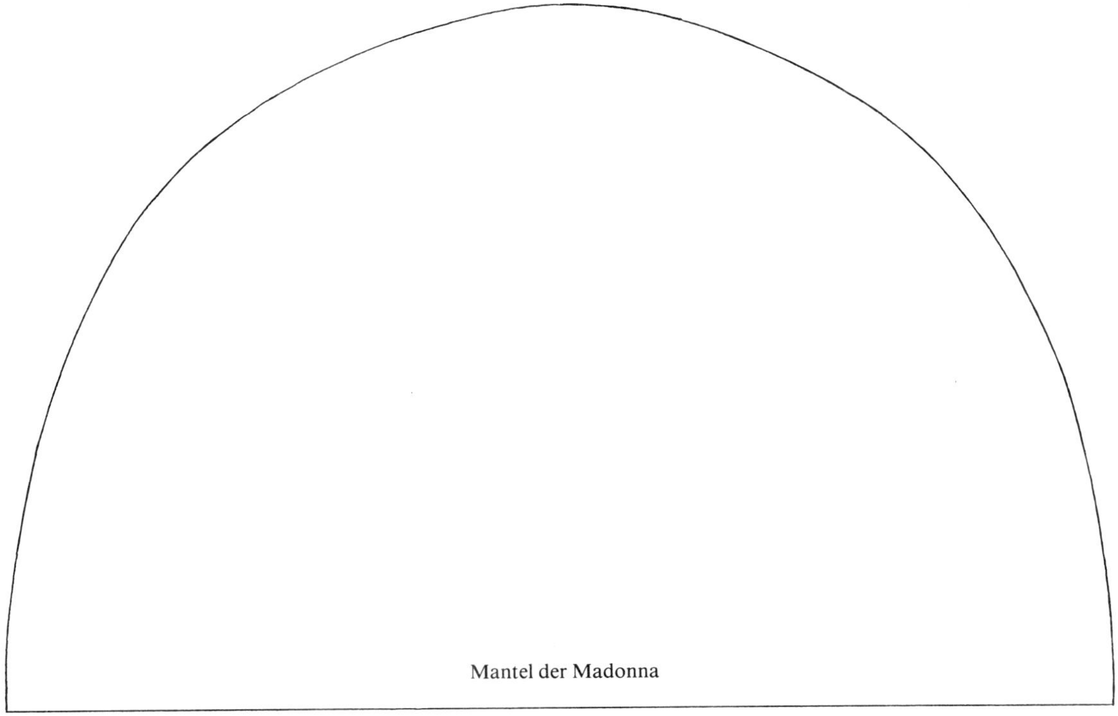
Mantel der Madonna

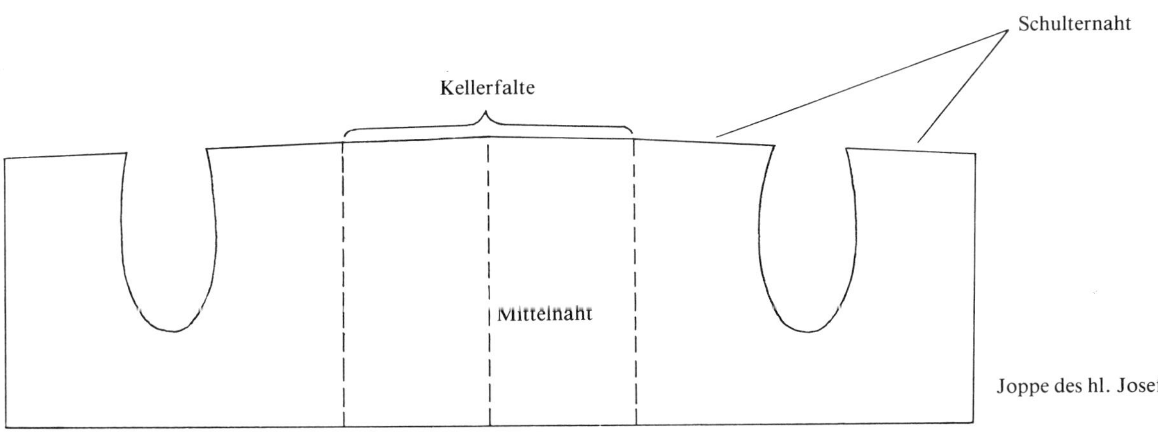
Schulternaht
Kellerfalte
Mittelnaht
Joppe des hl. Josef

sten verwenden wir roséfarbenen Filz, denn das ergibt gleich die richtige Farbe für Kopf und Hände. Die kleinen Füße kann man, so wie ich es gemacht habe, mit schwarzer Wasserfarbe anmalen.

Die Kleidung ist sehr einfach gemacht. Beginnen wir bei der kleinen *Madonna* (Abb. 51). Die Ärmel sind aus weißem Filz, einfach zwei Quadrate von 4 cm Länge. Sie sind so über die Arme gelegt, daß die beiden Flecke sich über der Brust und am Rücken gekreuzt haben. Dort habe ich sie festgenäht. Für den Rock wird blauer Filz verwendet, aus dem ein Rechteck von 6 cm Höhe und 11 cm Länge geschnitten wird, das oben eingereiht ist. Die Naht habe ich mit Überwindlungsstichen geschlossen und der Figur den fertigen Rock übergezogen. Aus demselben blauen Filz habe ich ganz schmale Streifchen geschnitten und als Rockträger angenäht. Darüber wird (1 cm breit) der Bund gelegt. Der Schleier der Madonna besteht aus gelbem Filz und hat den Schnitt, den Sie auf der Schnittseite finden. Er ist mit einigen Stichen so befestigt, daß er einen guten Sitz hat. Braune Wollhaare sind unter den Schleier geschoben und dort festgeklebt.

Das *Jesuskind* ist gebildet aus einem vierfach genommenen, im ganzen 3 cm langen Chenilledrahtstück, das ich am einen Ende (als Köpfchen) mit rosa, am anderen Ende (dem Wickelkissen) mit weißem Filz umwickelt habe. Über den Wickelkissenteil sind extrem dünn geschnittene rote Filzbänder so gelegt, daß sie auf der Vorderseite gekreuzt sind.

Auch der *heilige Josef* ist ganz einfach einzukleiden. In meinem Fall trägt er eine braune Hose und eine hellgraue Joppe (siehe Abb. 51). Erst machen Sie nach dem angegebenen Schnitt die Hose, wobei Sie sich am leichtesten tun, wenn Sie in der Hand die vordere und die hintere Naht schließen, das Gebilde der kleinen Figur überziehen und erst dann die Hosenbeinnähte schließen. Die Hose wird im Bund an der Figur festgenäht. Die Jacke besteht aus extrem angezogenen Ärmeln (wie bei Maria, nur in grauem Filz), die man festnäht, ehe man das Jackenteil überzieht. Auch für dieses finden Sie den Schnitt auf der Schnittseite. Hier arbeiten Sie am leichtesten so, daß Sie erst die tiefe Kellerfalte fixieren und dann der Figur das Jackenteil überziehen. Erst dort werden die beiden Schulternähte geschlossen. Die Joppe wirkt, was auf der Abbildung nicht zu sehen ist, durch ihr weites Abstehen recht rustikal. Als letztes gibt man dem Josef eine Frisur aus brauner, gekrauster Wolle. Man kann ihn, damit er fest steht, auf ein kleines, grüngestrichenes Brettchen stellen. Die Madonna bekommt ihre Standfestigkeit durch den weit abstehenden Schleier.
In derselben Art können Sie natürlich auch andere Figuren machen: Engel, Hirten oder die Heiligen Drei Könige.

Geschnitzte Krippenfiguren

Ans Schnitzen von Krippenfiguren werden sich sicher nur Leute heranwagen, die schon über einige Erfahrung verfügen. Es ist kaum anzunehmen, daß sich ein absoluter Neuling gleich an so ein kompliziertes und komplexes Thema heranwagt, wie es nun einmal die Herausholung der menschlichen Figur aus dem rohen Holzblock darstellt. Trotzdem wollen wir Ihnen in diesem Kapitel einiges über das Grundwissen des Holzschnitzens vermitteln.
Da wären zunächst einmal die Vorbereitungsüberlegungen, die sich nicht zuletzt mit der *Kenntnis der Proportionen* des menschlichen Körpers befassen (siehe Skizze S. 77).
Denken Sie bitte nicht, Sie könnten sich durch die Tatsache, daß Sie Ihre Figuren ja in bekleidetem Zustand zeigen wollen, vor der Kenntnisnahme dieser Größenverhältnisse drücken. Unter der Kleidung hat stets der Körper zu »stimmen«, weshalb wir Sie bitten möchten, sich erst in diesem Sinne vorzubereiten. Wenn Sie sich selbst nicht ganz trauen, so arbeiten Sie zunächst ein Modell in Ton oder Plastilin aus, an dem Sie zu tief geratene Schnitte durch neues Aufbringen der plastischen Masse korrigieren können, was Ihnen beim Schnitzen nicht mehr möglich sein wird. Stellen Sie das gelungene Modell in Sichtweite Ihres Arbeitstisches und vergleichen Sie häufig mit dem Zirkel oder dem Zentimetermaß das schon fertig Geschnitzte mit den Maßen des Modelles.
Wenn Sie sich's zutrauen und Sie ein halbwegs geübter Schnitzer sind, können Sie auch auf das Tonmodell verzichten, wenn Sie auf dem vorbereiteten Holzblock eine Zeichnung anbringen.

»Holz« – damit ist auch schon das nächste Thema angeschnitten. Was für eine Art von Holz soll man verwenden? In den Alpenländern, wo Nadelwald vorherrscht, arbeiten die Holzbildhauer zumeist im Holz der Zirbelkiefer, das sich auch für feine Ausarbeitung gut eignet. In Gegenden hingegen, wo es mehr Laubwald gibt, verwendet man zumeist Lindenholz. Wie auch immer: das Holz muß trocken, gesund, fehler- und astfrei sein, um von sich aus die Grundbedingungen für eine gute Schnitzarbeit zu erfüllen.
Den zu bearbeitenden Holzblock wird man so wählen, daß die Größenverhältnisse »stimmen«, d. h., der Block darf auf keinen Fall zu klein bemessen sein, lieber wählt man ihn größer und schneidet mehr weg. Der Block sollte beidseits gehobelt sein und in der Maserung so gewählt, daß die Jahresringe stehen. Das ist sehr wichtig, besonders beim Schnitzen von Figuren, deren Beine, liegen sie in der falschen Faserrichtung, allzu leicht brechen. Um keine Ausrisse aus dem Holz zu bekommen, muß man die Faserrichtung richtig wählen.

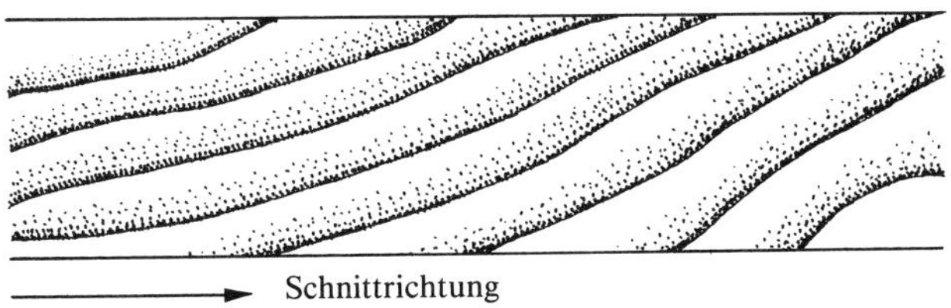

Die Vorlage wird mit Bleistift auf den vorbereiteten Rohling gezeichnet und die groben Umrisse mit der Bandsäge, Stich- oder Laubsäge herausgearbeitet, wobei man auf keinen Fall zu tief wegnehmen darf. Man muß sich immer die Möglichkeit des Korrigierens vorbehalten. Die roh ausgesägte Figur wird in die Hobelbank eingespannt oder mittels Figurenschraube auf einem Bildhauerkästchen befestigt. Das gibt

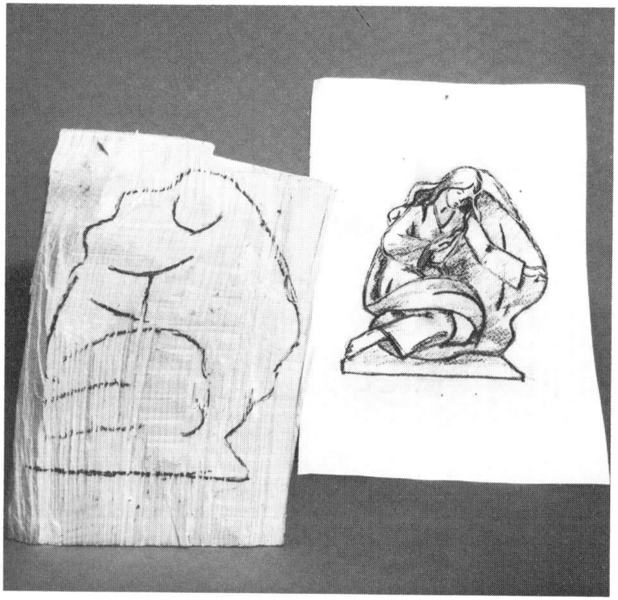

52 und 53:
Rechts die Vorzeichnung auf Papier, links auf dem vorbereiteten Holzblock

Der nächste Schritt. Schon sind Details erkennbar

54 und 55:
Immer mehr tritt die Figur hervor

56 *Die fertige Geburtsgruppe. Jedes Stück ist für sich geschnitzt*

einem die Möglichkeit des freien Handhabens des Schnitzeisens. Daß diese stets scharf geschliffen sein müssen, versteht sich von selbst.
Am Fuße der Figur wird ein Sockel vorgesehen, der erst nach der Fertigstellung mit der Feinsäge entfernt wird. Bei Tieren, z. B. den Schafen des Krippenberges, läßt man zwischen den Beinen, zwischen Körper und Fußplatte eine Verbindung stehen. Auch diese Verbindung wird erst als letztes herausgeschnitten.
Man versucht mit den Eisen, unter Zuhilfenahme des Klüpfels, die Formen aus dem Holz herauszuholen, wobei die Ausarbeitung immer feiner und feiner wird. Wie weit man dabei geht, bleibt dem persönlichen Geschmack überlassen. Oft wirkt eine Figur besonders dadurch, daß sie scharfe Kanten und relativ weite Felder aufweist; andere Figuren erhalten ihren Zauber durch eine besonders glatte, geschmeidige Oberfläche (Abb. 57).
Großes Augenmerk hat man zu richten auf die Ausformung von Gesichtern, Händen und Füßen, die die meisten technischen Schwierigkeiten in sich bergen. Hier wird man der Madonna glatte, dem heiligen Josef eher derbere Züge geben.

Die Frage, soll man geschnitzte Krippenfiguren *farbig* fassen oder nicht, ist gleichfalls eine Frage des Geschmacks. Bei sehr großflächig geschnitzten Figuren wird man wohl auf Farbe verzichten; anders ist es bei sehr weich ausgeformten. Bei diesen erhebt sich das Problem, soll man Farbe in lasierender Form anbringen (Abb. 57), was den Schnitt eher betont als verwischt oder soll man eine echte Fassung auftragen. Von einer solchen sprechen wir nur dann, wenn es sich um einen Kreidegrund handelt, der mehrmals aufgetragen und jeweils in trockenem Zustand mit Schleif-(Glas-)papier geschliffen wird. Daß dadurch die harten Kanten gemildert und Vertiefungen aufgefüllt werden, versteht sich von selbst. Man muß also, will man der Figur eine Fassung geben, von vornherein etwas ausgeprägter schnitzen. Auf den Kreidegrund kann dann, ist er erst ganz durchgetrocknet, mit Ölfarben gemalt werden. Sehr hübsch ist es, wenn man diese in noch feuchtem Zustand mit weichem Tuch von den hohen Stellen wegwischt, worauf der Großteil der Farbe lediglich in den Vertiefungen liegenbleibt. Das gibt, gut gemacht, eine durchaus großartige und sehr lebendige Wirkung.

57 Ein Hirte, eher derb geschnitzt, lasierend bemalt

Die Krippe aus Ton

(Figurenhöhe ca. 12 cm)

Viele der kreativ tätigen Menschen setzen sich früher oder später mit dem Thema »Ton« auseinander. Manche drehen an der Töpferscheibe Teller und Vasen, andere versuchen sich in Aufbaukeramik. Die einen haben erste Proben ihres Könnens schon im Kindergarten- oder Schulalter abgegeben, viele haben in der Mitte ihres Lebens Kurse besucht, um diese interessante Technik zu studieren. Die meisten von Ihnen werden hinlänglich über alles Bescheid wissen, was man bedenken muß, will man eine Aufbaukeramik richtig »in den Griff kriegen«. Für Sie alle seien die Einführungsworte gedacht, die Ihrem Erinnerungsvermögen nachhelfen wollen. Außerdem wenden wir uns in diesem Kapitel an Jugendliche, die sich mit Ton sehr preiswert selbst Krippenfiguren formen können.

Ton ist ein billiges Material. Man kauft ihn entweder im Malerfachhandel, beim Keramiker, in der Töpferei oder sogar in der Ziegelei. Je nach Herkunft kennen wir gelben, roten oder grauen Ton, wobei der graue der gebräuchlichste ist. Im Malergeschäft wird das Material häufig zu lange gelagert, worauf es brüchig und bröselig wird. Deshalb raten wir eher dazu, den Ton in der Töpferei oder beim Keramiker zu besorgen.

Haben Sie den Ton zu Hause, müssen Sie um seine Lagerung besorgt sein. Wollen Sie ihn für längere Zeit aufbewahren, so legen Sie ihn in den Keller, sonst in Zimmertemperatur. Auf keinen Fall sollte er bei Minusgraden gelagert werden; er wird dann »schlick« und kann nur noch begrenzt verarbeitet werden.

Sehr wichtig ist es ferner, daß der Ton stets feucht gehalten wird, er darf nicht austrocknen. Am besten wickeln Sie ihn fest in dünne Nylontücher ein, so daß die Luft keinen Zutritt hat. Auch wenn Sie eine begonnene Arbeit unterbrechen, müssen Sie um Feuchthaltung besorgt sein. Breiten Sie feuchte Tücher darüber, dann können Sie später weiterarbeiten. Oder Sie sprühen das Werkstück mit Wasser ein und packen einige Lagen Plastik darüber. Überhaupt spielt Wasser beim Arbeiten mit Ton eine gewisse Rolle. Prinzipiell möchten wir Ihnen raten, das Werkstück stets auf Resopal zu stellen, das Sie, wollen Sie die Arbeit abheben, kräftig mit Wasser einsprühen, um so einen gewissen Gleiteffekt zustande zu bringen.

Außer dem – möglichst fetten – Ton benötigen wir noch einige Werkzeuge. Die besten freilich sind unsere Hände, denn sie führen die Knetarbeit durch. Weiters benötigen wir noch ein Küchenmesser oder einen Draht zum Schneiden; ein kleines Brettchen, mit dem wir das Material schlagen, um die Luft entweichen zu lassen; ein Nudelholz zum Flachmachen des Tones und, wenn möglich, einige Modellierhölzer. Die aus Holz gefertigten sind besser als die aus Plastik, da diese kleine Grate aufweisen.

Der Ton wird vorbereitet

Ehe man ans Formen geht, muß der Ton vorbereitet werden; durch kräftiges Kneten und Schlagen muß der Luft Gelegenheit gegeben werden, zu entweichen. Das ist besonders wichtig, wenn der Gegenstand später gebrannt werden soll. Er wird dabei einer Temperatur von 880 Grad ausgesetzt; allfällige noch vorhandene Luft dehnt sich aus und läßt den Gegenstand springen und unter Umständen förmlich explodieren. Für die zu brennenden Werkstücke ist es außerdem wichtig, sie hohl zu machen, was schon gleich zu Beginn der Arbeit einzuplanen ist.

Soll ein Werkstück nicht gebrannt werden, läßt man es bei Raumtemperatur trocknen, was je nach Stärke

58 und 59:
Erster Beginn der Tonfiguren

Kopf, Arme und Schleier wurden aufgesetzt

60 und 61:
Die fertige kleine Madonna

Das Jesulein ist besonders einfach zu machen

62 und 63:
Der Arbeitsbeginn des hl. Josef ist ähnlich dem der Madonna. Der größte Unterschied besteht in der Haltung der Beine

Der fertige hl. Josef

64
Die fertige Tonkrippe

und Dicke ein bis zwei Wochen dauern kann. Rasche Wärmeeinwirkung wie z. B. Sonnenbestrahlung muß vermieden werden. Durch das Trocknen wird dem Ton Wasser entzogen, er schrumpft etwas ein. Deshalb ist es immer gut, in den Maßen etwas zuzugeben. Was die angepeilte Größe der Krippenfiguren betrifft, so wird man auf die Proportionen einer schon vorhandenen Krippe Rücksicht nehmen.
Das Aneinanderkleben einzelner Tonstücke geschieht durch »Schlicker«, das heißt mit Ton, dem reichlich Wasser zugesetzt wurde. Mit dieser schmierigen Masse bestreicht man die zu klebenden Stellen und schiebt die Tonstücke so lange hin und her, bis der Ton angezogen hat. Ein kräftiger Fingerdruck gibt letzte Festigkeit. Wir haben eine Geburtsgruppe aus Ton für Sie erarbeitet, die aus Maria, Josef, Jesuskind, Ochs und Esel besteht (Abb. 64).

Die Figuren

Beginnen wir zunächst mit der kleinen *Madonna.* Die Abb. 58 zeigt Ihnen, in welcher Weise Sie eine Ton-»Wurst« legen können, um eine kniende Gestalt daraus zu entwickeln. Mit einem Zahnstocher setzen wir eine Kugel Ton als Kopf auf. Den unteren Teil der »Wurst« kerben wir so ein, daß beide Knie getrennt sichtbar werden. Die Arme bestehen aus zwei weiteren, dünneren »Würsten«, die wir entsprechend ansetzen, wobei die Hände sichtbar werden sollten (Abb. 59). Ton kann nicht wie die meisten plastischen Massen einfach mit dem Nudelholz ausgewalkt werden, weil er dabei zu stark austrocknet. Besser ist es, für den Schleier dünne »Würste« zu machen, aneinanderzusetzen und mit ein wenig Wasser (oder Speichel) zu verstreichen. Der halbfertige Schleier wird auf der Figur modelliert. Die Abb. 60 zeigt die fertige Madonna.
Die Vorarbeiten zum *heiligen Josef* verlaufen ganz ähnlich; mit der Ausnahme, daß wir die Anfangs-»Wurst« in zwei Teile geteilt haben, um ein Bein zu erhalten, dessen Knie abgewinkelt, und ein zweites, das aufgestützt ist. Den Kopf haben wir mit einem Zahnstocher am Rumpf befestigt. Anders als bei den plastischen Massen, bei denen wir die Gesichter in der Hand geformt haben, geben wir dem aufgesetzten Kopf die Gesichtszüge. Die Joppe des Josef besteht aus vielen dünnen »Würsten«, die wir zusammengefügt haben. Ebenso verhält es sich beim Hut.
Das *Jesulein* liegt in einer Art Schale und ist ein Fatschenkind, dessen Wickelkissen wir ein paarmal über Kreuz eingekerbt haben.
Die Ausgangsbasis der beiden *Tiere* ist gleichfalls eine »Wurst«, aus der durch Drücken der Kopf herausgeholt wird. Die Beine werden herausmodelliert, desgleichen der Schwanz. Im Prinzip sind Ochs und Esel gleich gemacht und unterscheiden sich nur durch Hörner und Ohren, die aufgesetzt werden.
Wir sind bei unseren Figuren davon ausgegangen, daß sie weder gebrannt noch glasiert werden. Wären sie zum Brennen vorgesehen gewesen, hätten wir sie, wie schon erwähnt, hohl arbeiten müssen.
Das Brennen besorgen Keramiker, Töpfereien, Hersteller von Ofenkacheln und an vielen Orten auch Schulen.

65, 66, 67 und 68: Arbeiten an den beiden Tieren

Figuren aus plastischen, selbsthärtenden Massen

(Figurenhöhe ca. 10 cm)

Es gibt im Hobbyhandel eine ganze Reihe plastischer Massen, die vielerlei Vorteile aufweisen. Sie sind preiswert, brauchen nicht gebrannt zu werden, sondern trocknen an der Luft, und man kann sie nach Lust und Laune bemalen.
Plastika, Keramiplast und Efaplast sind weißlich bis leicht gräulich getönt und gut knetbar, wobei Efaplast am leichtesten, Keramiplast am schwersten zu kneten ist. Tonal ist auch im Hobbyset erhältlich, d. h. in einer Packung, die schon die Farben zum Bemalen enthält. Cernit ist das anspruchsvollste Material, ist ziemlich zäh und muß extrem lang geknetet werden. Dafür bringt Cernit die schönsten Wirkungen, kommt es doch am nächsten an Porzellan in Glanz und Schimmer. Wenn man statt eines Porzellan-Effektes die Wirkung von Holz bevorzugt, bedient man sich am besten des Plastiform, das man als Pulver kauft und sich selbst mit Wasser anrührt. Die Masse hat den Vorteil des leichten Gewichtes. Weitere Produkte, die auch sehr gut sind, tragen die Namen DAS-pronto oder Plastibo.
Alle diese Massen werden gern in Kindergärten und Schulen verwendet und kommen dort zu recht ansehnlichen Ergebnissen. Auch ich habe mich ihrer Vorteile bedient und habe einige Krippenfiguren für Sie erarbeitet. Verschiedenes ist mir dabei klargeworden. Man tut sich beim Arbeiten leichter, wenn man eine Schüssel mit Wasser neben sich stehen hat, in die man die Finger taucht, wenn es darum geht, Einzelteile aneinander zu kleben. An sich haften die Massen aufeinander ohne zusätzlichen Klebstoff. Ist man glücklicher Besitzer von Modellierhölzern, tun einem diese gute Dienste; sonst verwendet man ein kleines, spitzes Messer, die Rückseite eines ausgedienten Pinsels oder eine Stopfnadel für die Feinarbeiten. Bei vielen, vor allem bei weit ausladenden Teilen empfiehlt es sich, entweder ein Holzstäbchen (Zahnstocher) oder ein Stück eines stärkeren Drahtes unsichtbar einzusetzen. Man kann auch ein zurechtgeschnittenes Stückchen Styropor verwenden.
Ist man gezwungen, die Arbeit zu unterbrechen, breitet man ein feuchtes Tuch über den begonnenen Gegenstand, was ein vorzeitiges Trocknen verhindert.
Angebrochene Packungen bleiben wochenlang verwendbar, wenn man sie versehen mit einigen Tropfen Wasser fest in eine Plastiktüte einwickelt. Bitte nicht im Kühlschrank, sondern bei Raumtemperatur aufbewahren.
Die fertigen Gegenstände werden zunächst stehend getrocknet und nach einigen Tagen so gedreht bzw. umgelegt, daß die Luft auch an die Standfläche heran kann. Luftgetrocknete Flächen kann man sägen, schleifen, ritzen und feilen zum Nachkorrigieren. Erst wenn die Gegenstände glatt sind – man kann sie sogar mit einem weichen Tuch polieren, wodurch sie etwas Glanz bekommen – und auch sonst unseren Vorstellungen entsprechen, können sie bemalt werden. Dafür sind normale Wasserfarben verwendbar, Kaseïnfarben (Plaka), Kunststoff-Farben (Wacofin) oder auch Farben, mit denen man sonst Glas und Porzellan bemalt wie z. B. DEKA-Color. Haben Sie keinerlei Farben zu Hause, versorgen Sie sich am besten mit einem Vorrat an Revell-Farben. Diese gibt es in 15-ml-Töpfchen zu einem sehr angemessenen Preis, und zwar in glänzender und in matter Ausführung. Beide sind untereinander mischbar. Alles in allem gibt es davon nicht weniger als 75 Farbtöne, was an sich schon höchst verlockend ist.
Nach dem Trocknen der Farben kann mit einem Klarlack lackiert werden (auch Fimo-Lack kann Anwen-

dung finden), was sowohl der Schönheit als auch dem Schutz vor Feuchtigkeit und Staub dient. Eine ganz neue Möglichkeit der farblichen Ausgestaltung heißt Keramigloss, eine Art von Glasur, die das Lackieren ersetzt und Wirkungen hervorbringt, die denen von echter Keramik täuschend ähnlich sind. Achtet man sonst darauf, die Flächen in einen möglichst glatten Zustand zu bekommen, läßt man den Untergrund eher rauh, wenn man ihn mit Keramigloss überziehen will. Außerdem sollte er noch leicht feucht sein, weil dann die Glasur am besten »greift«. Diese neue Glasur, die nicht gebrannt werden muß, gibt es in einigen Farben. Das Lackieren wie auch das Verwenden von Keramigloss sollte in warmen Räumen (20 Grad) durchgeführt werden, weil dann das Lösungsmittel rasch entweichen kann, was den Vorgang des Trocknens wesentlich beschleunigt.

Wir haben einige Krippenfiguren aus der Masse DAS-pronto für Sie gebastelt, aber ebenso gut hätten wir auch ein anderes der erwähnten Produkte verwenden können.

Madonna mit Kind
Um Material zu sparen und um das Trocknen zu beschleunigen, wird zuerst aus Karton eine kleine Tüte geformt, ca. 6 – 7 cm hoch und mit einer Standfläche im Durchmesser von ca. 4 cm. Diese Tüte, mit DAS überzogen, ergibt dann den Rumpf der Madonna (siehe Abb. 70). Vorher wird aus ausgewalktem DAS der Boden gemacht, auf den wir die Tüte stellen. Diese überziehen wir in der Hand mit der weichgekneteten Masse und formen sie so, daß sich auch die Brust und der Hals bilden.
Der kleine Kopf wird so lange geformt, bis sich das

69 Madonna mit Kind aus DAS-pronto

70 Kleiner Kartonkegel mit angesetzten Armen, wie Sie ihn sowohl für die Madonna als auch für den hl. Josef benötigen. Rechts der vorgeformte Kopf des hl. Josef

Gesicht klar abzeichnet, allerdings noch ohne die Haare, die wir später aufsetzen. In diesen Kopf stekken wir ein Stückchen Zahnstocher und befestigen diesen am Rumpf. Indem wir dem kleinen Kopf eine leicht schräge Haltung geben, schaut die Madonna zu ihrem Kind hinunter. Die Verbindungsstelle wird mit befeuchteten Fingern glattgeschmiert. Sodann werden die vorspringenden Knie aufgesetzt und darüber der Rock drapiert, unter dem die kleinen Füßchen herausschauen. Die Arme kommen erst etwas später hinzu.
Für das Kind wird kein Untergestell gebaut. Aber auch hier hält ein verborgenes Zahnstocher-Stückchen den Kopf am Rumpf fest. Diesen formen wir als erstes, dann die Beinchen. Von den Armen setzen wir nur den äußeren an und legen zunächst das Kind der Madonna in den Arm. Diese erhält erst jetzt die Arme. Die dafür geformte »Wurst« wird an einem Ende zu einer Art Tüte verbreitert. Die kleine Hand wird in den Ärmel gesetzt und so auf das Kind gelegt, daß sie dieses festhält. Eine etwas größere Menge des Materials walken wir auf einer Resopalplatte sehr dünn aus und legen es der kleinen Madonna als Schleier um, wobei wir ihn oben am Scheitel etwas umbiegen. Als letztes werden die Haare angesetzt. Ähnlich wie Salzteig läßt sich auch DAS durch die Knoblauchpresse drücken; demgemäß wären auch dünne Locken möglich.
Zum Trocknen legen wir ein Stück Alufolie unter und nach ein paar Tagen wird die kleine Figur zum Austrocknen der Standfläche auf die Seite gelegt.

Der heilige Josef

Nach der kleinen Madonna wenden wir uns dem heiligen Josef (Abb. 71) zu, der, da er auf einem Knie kniet, etwas schwieriger zu machen ist. Auch für ihn formen wir eine Kartontüte, der wir die aus Draht gebildeten Arme ansetzen. Den Drähten geben wir schon gleich vom Beginn an die richtige Form – leicht nach vorn gebogen. Auf der Abbildung 71 sehen Sie ferner den fertig geformten Kopf mit männlich ausgeformter scharfer Nase und aufgesetzten Haaren. Wir setzen ihn, um ihn nicht zu beschädigen, auf einem Zahnstocher-Stückchen, das ihn später am Körper festhalten soll, auf ein Stückchen einer plastischen Masse und lassen ihn dort, bis wir mit den Vorarbeiten am Körper fertig sind. Um ihn in feuchtem Zustand zu bewahren, breiten wir ein feuchtes Tuch darüber.
Um die Kartontüte, die das Skelett des Körpers abgeben soll (man kann statt des Kartons auch ein entsprechend geformtes Stück Styropor verwenden), zu umhüllen, walken wir eine kräftige Portion DAS-pronto mit dem Nudelholz aus und wickeln es um die Tüte. Mit den Fingern formen wir den Körper. Für die Beine machen wir eine stärkere »Wurst«, die wir so unter den vorgeformten Körper legen, daß ein Knie wie aufgestützt erscheint. Um diese Haltung genau zu treffen, empfehlen wir Ihnen, sich selbst auf ein Knie niederzulassen und das andere aufzustützen. Das wird Ihnen eine wesentliche Hilfe sein. Für alle Fälle haben wir in jedes Bein ein vorgeformtes Stück Draht eingezogen. Füße haben wir nicht gemacht, da wir vorhatten, sie unter dem Mantel verschwinden zu lassen. Ist dieser Zustand der Figur erreicht, ist es noch möglich, sie zu biegen und ihr eine innige Haltung zu geben.
Den vorgeformten Kopf setzen wir mittels Zahnstocher-Stückchen auf und neigen ihn nach der Seite. Auch das verstärkt die innige Haltung. Die Übergänge am Hals verschmiert man mit feuchten Fingern.
Eine größere Portion der Masse wird nun mit dem Nudelholz ausgewalkt und die so entstandene Platte (vorsichtig vom Untergrund abheben!) der Figur als Mantel oder Umhang um die Schultern gelegt. Den Kragen kann man, was sehr hübsch aussieht, hinten etwas hochstellen.
Die kleinen Hände der Figur arbeitet man in der Hand vor und setzt sie mit Zahnstocher-Stückchen in die Ärmelöffnung. Die eine Hand liegt (später nicht sicht-

71 und 72:
Die Figur des hl. Josef mit der Laterne in der Hand

Der Hirte mit dem Schäfchen

73
Die bemalte und lakkierte Tonkrippe

bar) am Rücken der Madonna, die andere stützt sich auf dem Knie auf und hält die kleine Laterne. Diese macht man, noch ehe man die Hand darauflegt.
Bevor wir die Arbeit an dieser sehr wichtigen Figur beenden, schauen wir nach, ob alle Lücken geschlossen und die groben Unebenheiten geglättet sind. Feinere Unebenheiten, vor allem am Gewand, erhöhen den Reiz des Handarbeitlichen.

Der Hirte
Der Hirte dieser kleinen Gruppe ist gleichfalls in kniender Haltung dargestellt und wird ähnlich gemacht wie der heilige Josef. Nachdem er kleiner ist und infolgedessen weniger Material beansprucht, haben wir auf ein Untergestell aus Karton verzichtet, haben uns aber mehrerer Drahtstücke für die Arme und Beine bedient. Vor allem beim aufgestützten Knie ist die Drahteinlage wichtig.
Der Hirte trägt einen rustikalen Hut, den man in der Hand formt und dann dem Kopf aufsetzt. Dieser ist gegen das Jesuskind zu geneigt. Der Mantel ist kurz. In der Hand hält die Figur eine kleine flache Schale.
Für das *Schäfchen* formen wir zunächst eine »Wurst«, die wir an einem Ende für den Hals einschnüren und wieder für den Kopf breiter machen. Dieser wird in seinem Inneren von einem Zahnstocher-Stückchen gehalten. Zahnstocher verwenden wir auch zur Festigung der Beinchen, die wir leicht abknicken, was dem kleinen Tier eine tolpatschige Haltung gibt. Als letztes werden die Schlappohren aufgesetzt.

Das Bemalen
Wenn alles fertig geformt ist, muß sich der Künstler etwas in Geduld fassen, denn nun müssen die Figuren total austrocknen, ehe man sie bemalen kann. Das kann, Ihrem Geschmack gemäß, in verschiedener Form geschehen. Diejenigen unter Ihnen, die matte, verschwommene Farbtöne lieben, werden die Malerei mit wasserlöslichen Farben wie z. B. Plaka, Acryl oder Kunststoff ausführen, werden sie eher flüssig halten und, kaum sind sie aufgetragen, mit einem feuchten Schwämmchen an den Erhebungen wegwischen. Die reine Farbe bleibt so nur in den Vertiefungen stehen, was sehr lebendig, aber dezent wirkt. Die anderen aber, die krassere Gegensätze auf farblichem Gebiet bevorzugen, werden, da das Material wassersaugend ist, zunächst eine Lage Deckweiß auftragen, diese gut trocknen lassen und auf diesen Grundanstrich erst den endgültigen Farbton auftragen. Beide Methoden haben durchaus ihre Reize.
Um Ihrer Phantasie etwas auf die Sprünge zu helfen, darf ich Ihnen verraten, welche Farbtöne wir für unsere kleine Gruppe verwendet haben. Der Schleier der Madonna hat ein gedecktes Weiß, wie es sich geziemt. Das Kleid ist oben rot, der Rock blau. Die Haare sind dunkelblond.
Der heilige Josef trägt ein gebrochen-weißes Hemd und einen hellbraunen Mantel. Seine Haare sind aschblond. Der Hirte ist gekleidet in graue Hosen und einen flaschengrünen Mantel. Auch sein Hut ist grau. Im Ganzen haben wir die Farbtöne sehr stumpf gehalten, und der Erfolg hat uns rechtgegeben.
Für die Gesichtsfarbe haben wir Weiß, Ocker und Zinnober gemischt. Die Madonna und das Kind haben eine hellere Gesichtsfarbe als der heilige Josef, der, wie es einem alten Mann zusteht, einen dunklen Teint hat. Der junge Hirte steht farblich in der Mitte.
Nachdem die Farben getrocknet sind, können Sie die Figuren lackieren. Dazu verwenden Sie entweder den farblosen Lack aus der Sprühdose oder Sie streichen den Lack – hochglänzend oder matt, ganz wie es Ihnen beliebt – einfach auf. Dabei müssen Sie darauf achten, daß in den Vertiefungen nicht zu viel Lack stehenbleibt.

Krippenfiguren aus Fimo

(Figurenhöhe 9 – 10 cm)

Wenn Sie Kinder im Kindergarten oder Schulalter haben, ein Alter übrigens, für das unsere Krippenfiguren aus Fimo speziell geplant sind, so ist Ihnen diese Masse sicher ein Begriff, ist sie doch bei Kindergärtnerinnen und Lehrerinnen als Bastelmaterial sehr beliebt. Allerdings werden Sie, wenn Sie Ihre Kinder die vorliegenden Figuren machen lassen wollen, wohl ab und zu helfend eingreifen müssen, damit sie auch gut gelingen.

Das Material

Man kauft Fimo in kleinen Blöcken; falls Sie größere Mengen einer bestimmten Farbe benötigen, sollten Sie versuchen, sie in den größeren Stangenformen zu erwerben, die preiswerter sind. Denn Fimo ist relativ teuer, vor allem, wenn man den Preis in Vergleich setzt zu anderen plastischen Massen. Dafür hat es aber auch entscheidende Vorteile:

Fimo ist ungiftig,weshalb man es ohne weiteres Kindern in die Hand geben kann.

Fimo gibt es in vielen leuchtenden Farben, die untereinander mischbar sind; es muß also nicht mehr bemalt werden.

Falls Ihnen jedoch die Farben zu grell sind, können Sie die fertig gebrannten Fimo-Gegenstände mit Wasserfarben bemalen.

Fimo klebt auf Fimo, d. h., man kann ohne jeden Klebstoff auskommen.

Fimo ist, einmal etwas weich geknetet, fabelhaft formbar.

Fimo kann man im eigenen Backrohr brennen; die Masse wird dann hart wie Stein.

Wenn man Hochglanz auf Fimo-Gegenständen wünscht, kann man diesen mit dem Fimo-Speziallack erzielen.

Sie sehen also: alles spricht für Fimo. An dieser Stelle mag erwähnt werden, daß es natürlich ähnliche Produkte von anderen Firmen gibt, die die gleichen Vorteile aufzuweisen haben. Für sie gelten im wesentlichen die gleichen Tips.

Ich habe schon sehr viel mit Fimo gearbeitet und reiche Erfahrungen gesammelt. So bin ich draufgekommen, daß es große Vorteile hat, das Fimo in nicht zu kalten Räumen zu lagern, bevor man es verwendet. Ein mäßig warmer Lagerplatz bewirkt ein schnelleres Geschmeidigwerden. Hat man die Masse wirklich zu kühl aufbewahrt, kann man allerdings so verfahren, daß man sie in einem Plastiksack, gut verschlossen, eine Weile in warmes (nicht heißes!) Wasser legt. Vor allzu großer Wärme muß man sich hüten, weil dadurch die Masse bröselig wird. Sie kann aber nur gut geformt werden, wenn sie geschmeidig ist. Das erreicht man durch längeres Kneten. Schneiden Sie sich dafür von dem kleinen Block ein Stück ab, das nicht größer sein sollte als eine Walnuß. Bei zu großen Stükken dauert die Knetzeit zu lange. Besser ist es, mehrere kleine Stücke später ineinander zu arbeiten. Machen Sie das stets mit warmen Händen – die Knetzeit wird dadurch ganz wesentlich verkürzt. Erst wenn das Fimo weich und nachgiebig geworden ist, kann man es in die gewünschte Form bringen. Das kann geschehen durch Zurechtbiegen, durch Ziehen und Drehen, aber auch durch Auswalken mit dem Nudelholz. Ist Fimo geschmeidig genug, kann man es messerrükkendick auswalken und kann sehr dünne Schnüre daraus machen, was z. B. zur Ausgestaltung von Haaren sehr wichtig ist.

Am zweckmäßigsten verfährt man so, daß man alle Einzelteile aus den bestimmten Farben herstellt und sie dann zusammensetzt. Nachdem Fimo auf Fimo

haftet, kann auf jedes zusätzliche Kleben verzichtet werden. Damit Ihr Fimo nicht auf der Unterfläche festklebt, können Sie auf Resopal arbeiten oder aber eine Lage Alufolie darunterlegen. Diese brauchen wir auch, wenn es ans Brennen geht. Am Anfang habe ich die gebastelten Sachen einfach aufs Backblech gelegt, wo sie prompt »angebacken« sind. Heute lege ich Alufolie unter. Dann schiebe ich das Blech ins Backrohr, stelle dieses auf 150 Grad und lasse die Gegenstände je nach Dicke 10 – 20 Minuten drin. Ich schalte das Rohr aus und lasse die Fimosachen dort erkalten. Erst dann hole ich sie heraus.
Eine andere leidvolle Erfahrung habe ich anfangs mit dem Lackieren gemacht. Ich habe, als ich für bestimmte Fimogegenstände einen Hochglanz gewünscht habe, diesen mit gewöhnlichem Lack zu erzielen versucht. Das Ergebnis war niederschmetternd: der Lack hat buchstäblich Monate zum Trocknen gebraucht. Heute bediene ich mich des Fimo-Speziallakkes, was ich auch Ihnen dringend anraten möchte. Sie bekommen ihn, wie übrigens das Fimo auch, im Bastlerladen, in manchen Papierfachgeschäften und im Warenhaus.
Einmal angebrochene Fimo-Packungen sind ohne weiteres auch später noch verwendbar, wenn man sie fest in Plastik einhüllt. Ich gebe noch einige Tropfen Wasser dazu, und das hat sich gut bewährt.

Die Figuren

Machen wir uns nun gemeinsam an die Herstellung der überaus niedlichen Krippenfiguren, die im Original zwischen 9 und 10 cm messen. Diese Größe mußten sie in meinem Fall haben, um in die Höhle aus Wurzelstöcken zu passen, die ich dafür gebaut habe. Es war also in meinem Fall erst der »Krippenberg« vorhanden, für den ich die Figuren passend gestaltet habe. Sie sehen die vollständige Krippe S. 56 und können dort auch einige Anleihen machen, was die farbliche Gestaltung anbelangt. Ich habe folgende Farbtöne Fimo dafür verwendet: Weiß, Schwarz, Hautfarben, Ocker, Gelb, Karminrot, Blau, Braun und Dunkelgrün. Diese Farben ergeben ein fröhlichbuntes, aber nicht zu aufdringliches Bild. Sehr geschickt ist es, wenn man sich schon vor Inangriffnahme der Einzelarbeiten ein Konzept macht, wo genau jede Figur postiert werden soll. Das erleichtert Ihnen die Wahl der Farben. Lassen Sie die Figuren von Kindern basteln, sollten Sie an diesem Punkt ein wenig helfend eingreifen.

74 Die kleine Geburtsgruppe aus Fimo

Beginnen wir mit dem ***heiligen Josef,*** der, da er steht, einfach zu machen ist. Man formt eine »Wurst« (in meinem Fall war sie karminrot), die unten ein wenig breiter als an den Schultern ist, das ergibt eine gute Standfestigkeit. Die Arme sind weiß, so als träge er ein Hemd. Sie sind nichts anderes als weitere, dünnere

75 und 76:
Der Hirte mit seinen Schafen. Wenn Ihnen diese zum Basteln zu schwierig sind, behelfen Sie sich mit gekauften Schafen

Die knienden Buben zu beiden Seiten der Grotte. Der linke hat ein Körbchen mit winzigen Eiern, der rechte hält die Händchen gefaltet

77
Die Hl. Drei Könige. Der erste bringt den Stern, der zweite ein goldenes Kästchen, der dritte ein Körbchen mit violetten Pflaumen

»Würste«, die man, damit sie am Rücken gut anliegen, an einem Ende abschrägt. Die beiden kleinen Händchen sind hautfarben und zum Gebet vor der Brust erhoben. Damit der Kopf nicht etwa beim Brennen herunterfällt, habe ich in den Rumpf ein Stückchen Draht (1 mm) gesteckt, der am oberen Ende den Kopf trägt und auch noch ein bißchen in den Hut hineinragt. So hält beides »bombenfest«. Für die Haare habe ich ockerfarbenes Fimo ganz weich geknetet und zu einer extrem dünnen »Wurst« geformt, die ich in senkrechter Richtung um die Kugel gelegt habe, die den Kopf darstellt. Für den Kopfteil des Hutes habe ich eine schwarze kleine Kugel halbiert und eine weitere Kugel zu flacher Platte zurechtgedrückt. Um den Hals hat der kleine Mann eine weiße Kordel, die winzigen Schuhe sind schwarz. Ein wenig Geschick verlangt die Ausgestaltung des Umhanges, den man extrem dünn auswalkt und ihn der Figur in weichem Schwung umlegt. Damit sie nicht umfallen kann, steht sie auf einem unregelmäßig geformten dunkelgrünen Fimoblättchen.

Ganz ähnlich wie der heilige Josef werden auch die *anderen Figuren* gemacht. Bei den Männern, die Hosen tragen, habe ich statt der ersten dicken »Wurst« zwei dünnere gemacht, die die Hosenbeine darstellen. Damit bei den knieenden Gestalten die Haltung stimmt, habe ich kurze Drahtstückchen unsichtbar waagrecht und senkrecht eingesetzt. Das Knien der Madonna im weiten Gewand habe ich dadurch erreicht, daß ich die sehr schmiegsam geknetete erste »Wurst« einfach im rechten Winkel abgebogen habe.
Was bei jeder Krippe wichtig ist, ist die liebe- und phantasievolle Ausgestaltung. So habe ich hier darauf geachtet, daß jede Kopfbedeckung eine etwas andere Form hat, daß jede Figur eine besondere Haltung einnimmt, die ihr im übrigen durch den genauen Aufstellungsort diktiert wird. So ist es beispielsweise nicht gleichgültig, daß die beiden Buben zu beiden Seiten der Höhle in kniender und nicht etwa in stehender Haltung verharren. Andererseits ist zu beachten, daß der Hirte inmitten seiner Schafe steht und nicht etwa sitzt. Besonders wichtig ist natürlich die Madonna, die ja doch eine gewisse Innigkeit verströmen soll. Bei der Festlegung der jeweiligen Haltung der Figur sollten Sie Ihren Kindern helfend beistehen.

Etwas schwieriger zu machen sind die *Schafe*. Für sie braucht man weißes Fimo, das man nach dem Brennen leicht ockerfarben bemalt, damit es nicht zu grell wirkt. Man beginnt mit einer Fimo-»Wurst«, die den Rumpf abgibt, die man am einen Ende dünner und dann wieder dicker werden läßt, was Hals und Kopf ergibt. Die Ohren setzt man auf, desgleichen den Schwanz. Fürs Skelett der Beine verwendet man einen etwas dünneren Draht, als man für die Befestigung der Köpfe genommen hat, und zwar deshalb, daß er sich gut biegen läßt. Man stößt die vier kleinen Drahtstücke in die »Wurst« hinein und hüllt sie mit großer Vorsicht in Fimo ein. Nach dem Brennen malt man den Schäfchen Augen und graue Hufe.
Wenn Ihnen das Gestalten der Schafe zu schwierig ist, können Sie, ohne daß es unliebsam auffällt, einige Schafe aus Kunststoffmasse kaufen und sie Ihren Fimo-Figuren zugesellen.
Diese Fimokrippe ist ewas für Leute, die nicht sehr viel Platz haben und eher »modern« eingestellt sind. Die Figuren sind so einfach zu machen, daß sie selbst von größeren Kindern unter Aufsicht eines Erwachsenen zustande gebracht werden.

Weihnachtliche Figuren und Halbreliefs aus Salzteig

Verschiedene Salzteigrezepte:

1 Teil Mehl
1 Teil Salz
½ Teil Wasser

oder
4 Tassen Mehl
1½ Tassen Salz
1½ Tassen Wasser
1 Teelöffel Glyzerin

oder
2 Tassen Weizenmehl
1 Tasse Roggenmehl
2 Tassen Salz
1 bis ½ Tassen Wasser

Die jeweiligen Zutaten werden am Brett miteinander vermengt, wobei man zuerst Mehl und Salz mischt und dann vorsichtig das Wasser darunter mischt.
Ein anderes Rezept auf heißer Basis ist noch folgendes:
3 Tassen kochendes Wasser werden mit 3 Tassen Salz vermischt und überkühlt. Das Mehl wird gesiebt und in die Flüssigkeit geschüttet. Dann nimmt man die Masse aus dem Topf heraus und gibt sie aufs Brett, wo sie fest durchgeknetet wird. Anschließend stellt man sie für einige Stunden in den Kühlschrank.
Welches Rezept Sie auch verwenden, eines ist allen gemeinsam: um eine gewisse Glätte des Teiges zu erreichen, ist es unerläßlich, ihn fest zu kneten. Seine Konsistenz ist richtig, wenn er sich fest, glatt und geschmeidig anfühlt. Auf keinen Fall darf der Teig zu nachgiebig sein, weil die Formen sonst zerrinnen, sondern muß eher wie ein fester Keksteig sein. Klebt er an den Händen, ist er zu feucht geworden. In diesem Fall fügt man so lange Mehl hinzu, bis er fest geworden ist. Wenn der Teig brüchig ist und beim Ausrollen keine feste Form ergibt, gießt man vorsichtig etwas Wasser nach. Damit sich auch wirklich alle Salzkristalle auflösen, hat es sich gut bewährt, den fertigen Teig einige Stunden wohlverpackt in einem Stück Alufolie ruhen zu lassen. Überhaupt ist die Alufolie wichtig, denn in sie verpacken wir die Reste, die wir, wenn wir sie kühl gelagert haben, ohne weiteres auch noch nach einigen Tagen verwenden können.

Der Salzteig und das Basteln mit ihm hat vor einigen Jahren unsere Lande förmlich »überschwemmt«. Wo man hinkommt, basteln Frauen und Kinder Salzteigkränze und -zöpfe, Christbaumschmuck, kleinere und größere Geschenke und auch Figuren. Dabei machen wir uns gar nicht klar, daß wir damit ganz auf den Spuren unserer Vorväter wandeln, die – zum Teil schon vor Tausenden von Jahren – aus dem geheiligten Material »Mehl« und Wasser allerlei geformt haben, was als Kultgegenstände den Göttern dargebracht wurde, vor allem der Göttin der Fruchtbarkeit, Demeter. Man suchte sie zu besänftigen, wenn sie allzu viel Regen vom Himmel schickte, man suchte sie sich geneigt zu machen für eine gute Getreideernte, man flehte ganz allgemein um ihre Huld. Die kleinen oder größeren Brote, die man aus Mehl und Wasser formte, brachte man ihr als Opfergaben dar.
Noch viel später, im Mittelalter, als längst der Götterglaube zu Grabe getragen worden war, formte man die sogenannten »Gebildbrote«, die oft in Modelform gedrückt und künstlerisch bemalt wurden. Auf den Jahrmärkten wurden sie ebenso feilgeboten wie später in den bunten Buden der Wallfahrtsorte. So war es in Europa der Brauch, aber auch im fernen Amerika kannte man diese brotähnlichen Gaben. So wissen wir z. B., daß die Inkas des 12. Jahrhunderts Menschen-

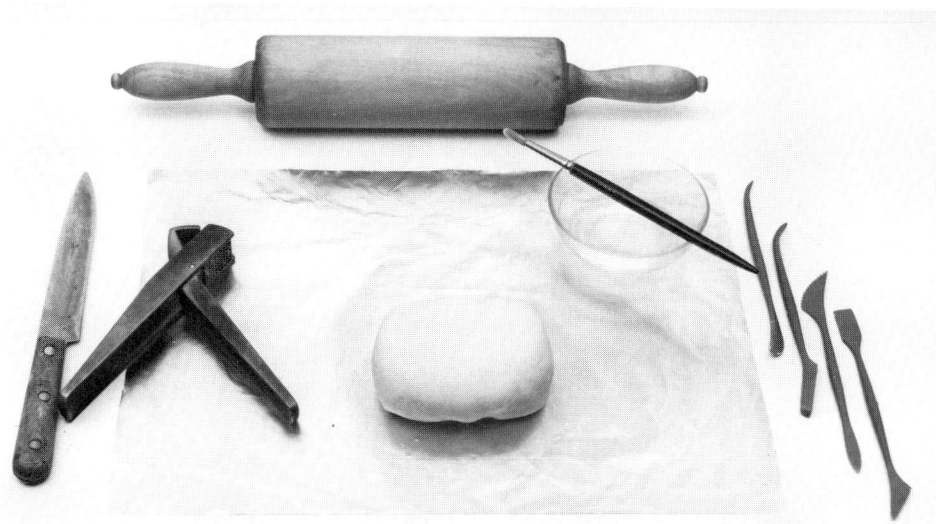

78
Das alles müssen Sie sich bereitlegen, ehe Sie ans Salzteiggestalten herantreten

und Tierfiguren formten und diese in getrocknetem Zustand und an bestimmten Tagen den Göttern opferten. In Ecuador ist die Fertigung dieser kleinen Kunstwerke nie und zu keiner Zeit unterbrochen worden. Auch heute noch kann man auf den Märkten Brotteiggegenstände, fröhlich und bunt bemalt, kaufen.
Wer als erstes auf die Idee kam, dem Mehl und dem Wasser das festigende Salz hinzuzufügen, wissen wir nicht. Fest steht nur, daß sich die unterschiedlichsten Rezepte auf uns Heutige vererbt haben – einmal mit einem größeren, einmal mit einem kleineren Anteil an Salz. Wir sagten es schon: das Salz gibt dem Gemisch aus Mehl und Wasser Festigkeit und hat nur den einen Nachteil, daß es, der Feuchtigkeit ausgesetzt, zu schwinden beginnt. Deshalb unser dringender Rat: bewahren Sie Ihre Salzteiggegenstände niemals in feuchten (Keller-)Räumen auf. Ich persönlich gehe sogar so weit in meinen Vorsichtsmaßnahmen, daß ich die Rückseiten der Gegenstände mit farbigem Leinen hinterklebe, um sie vor allfälliger Feuchtigkeit der Wände zu schützen.

Tips zur Salzteiggestaltung
Salzteig ist ein Teig, der, wenn er in der richtigen Konsistenz ist, sozusagen »für alles gut ist«. Sie können ihn ausrollen zu einer »Wurst«, mit dem Nudelholz auswalken zu flachen Platten, Sie können Blüten und Blätter daraus formen und Sie können selbstverständlich Figuren damit machen. Und da wären wir auch schon beim Thema.
Sagen wir erst einmal, was nicht geht. Es wird Ihnen, wenn Sie die Zusammensetzung des Teiges kennen, ohne weiteres einleuchten, daß es Ihnen nicht gelingen dürfte, Figuren zu formen, die über die Größe von sagen wir 10 cm hinausreichen. Sollten Sie etwas anderes erzwingen wollen, werden Sie scheitern. Für den ersten Augenblick werden größere Figuren vielleicht stehen bleiben, aber beim Backen werden sie in sich zusammenfallen zu armseligen Häufchen. Deshalb

79 und 80:
Die ersten Vorarbeiten zum Formen des hl. Josef. Rechts ein Modellierholz

Der Figur des hl. Josef wird ein größeres Blatt Salzteig als Mantel umgelegt

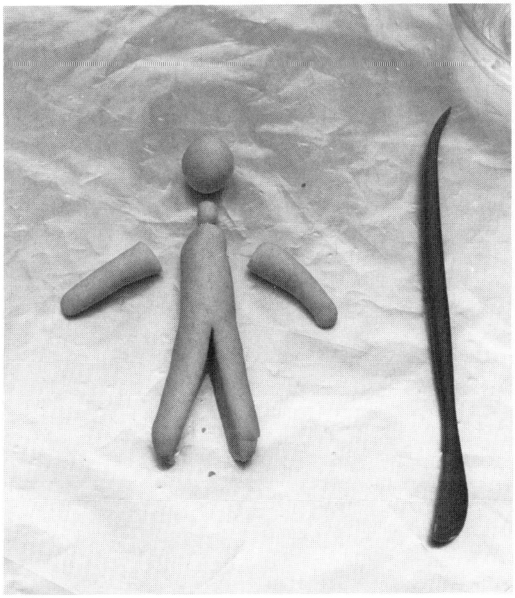

81 und 82:
Nächster Arbeitsgang des hl. Josef

Die Knoblauchpresse formt den Salzteig für die Haare

unser Rat an Sie: machen Sie es wie wir und beschränken Sie Ihren Schaffensdrang entweder auf Halbreliefs oder aber auf niedere, klobige Figürchen, die ein gewisses »archaisches« Aussehen haben. Mit ihnen werden sie auch noch nach dem Backen Ihre Freude haben.

Apropos *Backen:* alles, was stärker ist als 1½ – 2 cm, sollte gebacken werden (dünnere Stücke kann man im warmen Raum trocknen lassen). Man legt die Stücke – auf Alufolie gebettet – aufs Backblech und schiebt dieses bei 130 Grad ins Rohr. Es gibt Salzteigbastlerinnen, die darauf schwören, daß der Salzteig eine schöne, goldgelbe Farbe annimmt, wenn man ihn vorsichtig mit Milch bepinselt; ich hingegen habe die Erfahrung gemacht, daß die Sachen dann leicht flekkig werden.

Im Rohr bleiben die Stücke so lange, bis der Teig hart geworden ist, was natürlich unterschiedlich lange dauert. So haben unsere Krippenhalbreliefs ca. 2 Stunden lang im Rohr ausharren müssen, während die vollplastischen Figuren noch weit länger gebraucht haben. Was man aus dem Rohr herausholt, sollte eine schöne goldgelbe Farbe haben, und nicht etwa zu schwarz geworden sein.

Ein Tip aus meiner vielfältigen Salzteigpraxis: versuchen Sie, die einzelnen Stücke so rasch als möglich zu backen. Der Trocknungsprozeß macht die Oberfläche hellfarbig, was sich auch beim Backen nicht ändert.

Nach dem Abkühlen stellt sich dann die Frage, soll man die Stücke *bemalen oder roh belassen.* Beides kann sehr hübsch sein. Zum Bemalen kann man alle Wasserfarben verwenden, also die gewöhnlichen Knopffarben aus dem Malkasten, oder Farben auf Kaseïnbasis wie z. B. Plaka, aber auch Tempera- oder Kunststoff-Farben. Ölfarben eignen sich ihres langen Trocknungsprozesses wegen nicht.

Ist alles gut getrocknet, wird mit hochglänzendem Lack besprüht oder mit dem Pinsel bestrichen; dieser Vorgang muß einige Male wiederholt werden, um dem Salzteiggegenstand den gewünschten Glanz zu geben. Sollte sich beim Backen der Gegenstände, die Sie roh belassen wollen, nicht die gewünschte goldgelbe Farbe eingestellt haben, so erreichen Sie diese durch mehrmaliges Besprühen mit hochglänzendem farblosem Spraylack.

Halbreliefs aus Salzteig

Wir haben einige verschieden große und verschieden aufwendige Halbreliefs aus Salzteig für Sie gebastelt, die wir Ihnen nun, da Sie die Grundkenntnisse der Salzteiggestaltung kennen, vorstellen wollen.

Da ist einmal die *Gruppe* mit den Figuren und dem Schäfchen. Die Figurenhöhe haben wir mit Absicht mit 10 cm ziemlich groß gewählt, um Ihnen alle Details genau vorführen zu können.

Abb. 78 zeigt Ihnen, was Sie sich alles bereitlegen müssen, ehe Sie ans Werken gehen. Da ist vor allem die Alufolie, auf der gearbeitet, auf der das Relief zusammengesetzt und auf der gebacken wird. Zum Ausrollen des Teiges hat sich noch immer der Nudelwalker am besten bewährt, zum Ausschneiden der einzelnen Elemente ein kleines scharfes Messer und zum Gestalten von Haaren, Heu oder Stroh die Knoblauchpresse. So vorhanden, können Sie Modellierhölzer verwenden, Sie kommen aber gut auch ohne sie aus. Ja, und dann die Hauptsache: der Teig.

Was Sie auf der Folge unserer Abbildungen nicht sehen, ist das Vorbereiten der Grundplatte durch Ausrollen des Teiges (ca. ½ cm). Im Fall dieses Reliefs haben wir der Grundplatte zunächst eine längliche Form gegeben und zuletzt, als die Figuren aufgesetzt waren, alles Überstehende weggeschnitten. Diese Grundplatte legen wir auf ein Stück Alufolie zur Seite und setzen dann auf ihr Stück für Stück zusammen.

Das Gestalten der Figuren ist leichter, als es aussieht. Abb. 79 zeigt das Vorformen der Gestalt des *heiligen Josef.* Ein weiteres Klümpchen Teig wird sehr dünn

83 Große Halbreliefkrippe aus Salzteig

ausgerollt, und, wie die Abb. 80 zeigt, der Figur um die Schultern gelegt. Die Arme kommen unter dem Überwurf heraus. Ein entsprechendes Teigstück wird zu Händen geformt und in die Ärmel eingeschoben. Nun tritt die vielgeliebte Knoblauchpresse auf den Plan. Sie preßt uns das Material, das wir für die Haare und den Bart benötigen.

Ist der heilige Josef fertiggestellt, legen wir ihn zur Seite und formen die *Gottesmutter*. Ihr Gewand ist sehr bauschig geformt, wofür es sich unter Umständen empfiehlt, etwas Alufolie unterzulegen, allerdings unbedingt unsichtbar. Dasselbe gilt für den Schleier, unter dem Maria etwas längere Haare trägt. Das Jesuskind trägt sie senkrecht vor sich (Abb. 84).

84
Der gesamte „Unterbau“ des Reliefs

85
Der Engel. Nur das Gesicht ist bemalt

Ein wenig schwieriger ist der *Hirte* zu machen, weil man seine kniende Haltung gut »erwischen« muß. Er hält auf seinen Knien einen Hut mit winzigen Eiern, die er dem Jesuskind darbringt. Seine Jacke ist weit abstehend, was ihm etwas Rustikales gibt (Abb. 84).
Neben dem heiligen Josef steht ein *Schäfchen* mit leicht erhobenem Kopf, für dessen Fell sich die Knoblauchpresse als zu grob erwiesen hat. Wir haben deshalb den Teig durch ein feines Sieb gedrückt (Abb. 84).
Den Hintergrund haben wir, soweit vorhanden, mit einem scharfen, spitzen Messer geprägt.
Dieses sehr hübsche und künstlerisch ausgeführte Halbrelief hat quasi einen Ober- und einen Unterbau. Beide wurden, fertiggestellt, aneinandergefügt, wie die Abb. 84 vermittelt. Wir haben darauf verzichtet, das Relief ganz zu bemalen und haben uns lediglich auf die Gesichter beschränkt. Die sind uns allerdings, wie die Großaufnahme des Engels (Abb. 85) zeigt, gut

86 Eine weitere Salzteigkrippe, diesmal in bemaltem Zustand

87
Unregelmäßig geformte Grundplatte mit aufgesetzten Salzteigfiguren

88
Die Minikrippe in farbiger Fassung. Sie ist knapp größer als 10 × 10 cm und stellt daher ein nettes, originelles Weihnachtsgeschenk dar

89 Die fertige Madonnenfigur. Rechts der Unterbau aus Draht

90 Die fertige Geburtsgruppe aus Salzteig

gelungen. Als Schutz vor Feuchtigkeit und Staub kann man, wenn man das Relief frei aufbewahren will, mehrere farblose Lackschichten auftragen. Abb. 86 zeigt eine weitere Salzteigkrippe, die ähnlich der ersten ist, nur mit dem Unterschied, daß sie total bemalt ist. Die Farben: ein weiches Blau, ein sanftes Rot, Braun und Grün.

Ein anderes *Relief* mit weitflächigem Hintergrund zeigt Ihnen eine weitere Möglichkeit, das Weihnachtswunder in Salzteiggestaltung einzufangen. Dieses Stück ist zum Hängen gedacht. Dabei darf nicht vergessen werden: die entsprechenden Löcher müssen in feuchtem Zustand und vor dem Backen gestochen werden; sobald das Stück aus dem Rohr herauskommt, ist es viel zu hart, als daß man noch Löcher stechen könnte. Also bei Reliefs, die zum Hängen gedacht sind, das Löcherstechen nicht vergessen!
Was Ihnen bei diesem Relief der Abb. 87 möglicherweise auffällt, sind die verschiedenen Prägungen: für die Bogen am oberen Abschluß habe ich die größte Büroklammer verwendet, die ich auftreiben konnte, während die Löcher, die den Erdboden symbolisieren, mit der Kuppe einer farbigen Stecknadel gestupft wurden. Dieses Relief sehen Sie in bemaltem Zustand.

Figuren aus Salzteig
Ein ganz reizendes kleines Weihnachtsgeschenk stellt die *Mini-Krippe* der Abb. 88 dar. Sie ist schnell gemacht und ca. 10:10 cm groß.

Man rollt ein Stück Teig aus und schneidet die Hausform aus. Dann beginnt man auf der linken Seite mit der Futterraufe und den gekreuzten Beinen des Troges, in dem das Jesulein liegt. Unter dieses schiebt man einiges an »Stroh«, das ist durch die Knoblauchpresse gedrückter Salzteig. Das Jesulein ist in der Art eines Fatschenkindes dargestellt. Zwei kleine Teigklümpchen werden zu Köpfen von Ochs und Esel geformt.
Auf die rechte Seite stellt man einen heiligen Josef mit Bart und rustikalem Hut. Leicht vor ihm steht die Muttergottes mit Kopfschleier und Trachtenkleid mit Schürze. Als letztes legt man eine lange »Wurst« um die ganze Darstellung herum. Damit man das kleine Kunstwerk auch aufhängen kann, sticht man zu beiden Seiten des am Giebel befindlichen kleinen Sternes Löcher, durch die man, wenn alles gebacken und bemalt ist, einen fast unsichtbaren Nylonfaden zieht.
Wir haben schon zu Beginn dieses Kapitels gehört, daß dem Gestalten mit Salzteig gewisse Grenzen gesetzt sind. Trotzdem habe ich versucht, »echte Krippenfiguren« aus diesem herrlichen Material zu formen. Wohl wissend, daß etwas größere Formen dazu neigen, in sich zusammenzusinken, habe ich für meine Figuren Gestelle gebaut, ihre Höhe nicht zu groß bemessen (ca. 10 cm), und sie in sehr klobiger Form dargestellt.
Die Gestelle dürfen natürlich auf keinen Fall sichtbar sein, sondern müssen ein Schattendasein im Inneren der Figuren führen. Sehen sie sich die Abb. 89 an, sie zeigt Ihnen deutlich, in welche Form ich ein etwa 1½ m langes Stück Draht (1 mm) gebracht habe. Als erstes machen wir einen doppelten Ring für den Boden, und von diesem aus eine kuppelartige Form. In diese wird von unten her eine dicke »Wurst« Salzteig hineingeschoben, so daß das Innere total ausgefüllt ist. Sodann walken wir aus dem Salzteig dünne Platten und setzen diese von außen auf das Gebilde, zusätzlich noch einen Streifen am unteren Ende. Den Kopf gestalten wir bewußt sehr klobig und eher breit als hoch. Der heilige Josef hat lange Haare, einen Bart und einen Hut; die Madonna hat gleichfalls lange Locken und einen Heiligenschein. Damit dieser beim Backen nicht in sich zusammenfällt, hat auch er ein Gerüst aus Draht in Form eines Ringes mit langem Stiel, den ich in den Kopf hineingedrückt habe.
Etwas Draht ist auch in die Wiege eingelegt, in der – auf üppigem Stroh – das Jesulein liegt. Diese Krippenfiguren sehen Sie in rohem, unbemaltem Zustand, aber hochglänzend lackiert. Sie werden mit mir einig sein, daß sie sehr originell sind, oder?

Krippenfiguren aus Maisblättern

(Figurengröße 10 – 12 cm)

Man sagt zwar immer, für Geld sei alles zu haben. Das stimmt nur bedingt, und ganz sicher nicht für den Erwerb von Maisblättern. Wenn jemand, so wie ich, in einer Maisanbaugegend wohnt, tut er sich verhältnismäßig leicht. Richtig sind die Maisblätter dann, wenn sie rund um den Kolben trocken und damit reif zur Ernte geworden sind.

Wenn Sie in der Großstadt wohnen, aber vielleicht Ihren Urlaub in einem Maisanbaugebiet verbringen, finden Sie möglicherweise einen hilfsbereiten »Eingeborenen«, der die Einbringung von Maisblättern für Sie vollbringt.

Wenn Sie nicht nur einzelne Figuren, sondern eine ganze Krippe mit Maisblattfiguren basteln wollen, müssen Sie rechtzeitig im Herbst mit den Vorbereitungen beginnen. Sie müssen bei Ihren Spaziergängen und Wanderungen Ausschau halten nach einem Wurzelstock, der sich als Grotte eignet. Besonders attraktiv sind solche Stöcke, die sich zu beiden Seiten etwas vorwölben, womit das Grottenartige schon gegeben ist. Wichtig bei der Auswahl des Wurzelstockes ist nicht so sehr seine Abstammung von einer Föhre, einer Fichte oder einem Laubbaum, als vielmehr seine Ausmaße, also seine Höhe, Tiefe und Ausdehnung nach links und rechts. Von einer allzu kleinformatigen Krippe würden wir freilich abraten, da Sie sich zu schwer tun werden bei der Beschaffung der nötigen Wattekugeln für die Köpfe, die es meist erst ab einer bestimmten Größe – ca. 0,8 mm – gibt. Auch sind für allzu kleine Figuren die Maisblätter zu klobig.

91
Die Krippe aus Maisblättern in aufgestelltem Zustand

Eine Figurenhöhe von 10 – 12 cm (berechnet für die größte der Figuren, den hl. Josef) hat sich als das Beste erwiesen. Suchen Sie also den Wurzelstock so aus, daß er zu dieser Figurengröße paßt.
Was auch rechtzeitig in der warmen Jahreszeit gesammelt werden muß, ist das Moos. Trachten Sie danach, daß Sie eher eine niedere, flache Sorte finden; in zu grobem Moos »ertrinken« die kleinen Figuren und sind nur schwer zum Stehen zu bringen.
Ist es dann so weit, und der erste Adventsonntag ist da, wird man sich mit Freude ans Werken machen. Kinder, sofern sie nicht zu klein sind, sind dabei herzlich willkommen. Gerade etwas größere Kinder sind oft unendlich geschickt, wenn es gilt, Drähte zu biegen, Maisblätter darum zu legen und aus Nähseide feine Doppelknoten zu machen.
Um Ihnen die Arbeit zu erleichtern, haben wir zwei Listen für Sie zusammengestellt. Die erste enthält die »Regeln für den Bau von Maisblattfiguren«. Die zweite nennt Ihnen alles an Werkzeug und Material, das Sie benötigen.

Die »Goldenen Regeln«, die Sie beachten sollten, wenn Sie Krippenfiguren aus Maisblättern basteln wollen:

1. Sichern Sie sich schon im Sommer bei einem Bauern die »Ernte« an Maisblättern.
2. »Ernten« Sie die Maisblätter auf keinen Fall zu früh, sondern erst dann, wenn sie schon fahlfarben und trocken sind.
3. Die Maisblätter, die wir meinen, sind nicht diejenigen, die am Stiel hinaufwachsen, sondern die Umhüllungsblätter der Kolben.
4. Versuchen Sie auch, an Maisbast – auch Maisseide genannt –, heranzukommen. Das ist das wollige Gespinst, das die Kolben umgibt. Wir brauchen es als Haare.
5. Trocknen Sie Maisblätter und Bast im Schatten; bewahren Sie sie nicht in Nylonsäcken auf, da sie dort stockfleckig werden.
6. Der oberste steife Rand der Blätter muß abgeschnitten werden.
7. Verarbeiten Sie die Maisblätter stets so, daß die Innenseite der Blätter die Schauseite ist.
8. Verwenden Sie die Blätter stets in feuchtem Zustand. Sie werden ½ Stunde in lauwarmem Wasser eingeweicht und dann erst verwendet. Auch das Biegen z. B. der Arme und Beine geschieht in nassem Zustand. In trokkenem Zustand sollte man die Figuren möglichst in Ruhe lassen.
9. Geklebt wird mit Uhu. Diesen müssen Sie an den überstehenden Stellen entfernen, da er beim Auftrocknen weiße, unschöne Flecken macht.
10. Wenn Sie mit dem Arbeiten beginnen, versuchen Sie sich zunächst bei den größeren, einfachen Figuren und machen Sie als letztes, wenn Sie schon eingearbeitet sind, das Jesulein und das Schäfchen.

Werkzeug- und Materialliste

Flachzange
Zwickzange
Schere
Ahle
Stricknadel Nr. 2
Vernickelten Draht, Durchmesser ca. 0,8 mm
Maisblätter
Maisbast
Schüssel mit lauwarmem Wasser
Wattekugeln in vier verschiedenen Größen, 0,8 – 2,5 mm
1 Watteei (pro Schaf)
Runde Zahnstocher oder Schaschlikspieße
Dünne rote Wolle
Hanf in kleinster Menge
1 kleiner Stoff-Fleck
1 Strohstern
Hellbeige Nähseide
Uhu-Alleskleber
Dünnes Moos
Tischlerleim zum Aufkleben des Mooses
Ein Tuch zum Abwischen der Hände

Legen Sie sich zunächst einmal alles zurecht, und dann kann es losgehen!
Das Arbeiten der Figuren ist deshalb so einfach, weil sie fast alle nach demselben Schema gefertigt sind, ganz gleichgültig, ob es sich um die Muttergottes, den Engel, die Heiligen Drei Könige usw. handelt. Lediglich kniende Männerfiguren werden etwas anders gemacht.

Die Grundfigur
Lassen Sie uns also jetzt die Grundfigur miteinander erarbeiten. Prinzipiell sollten Sie bei ihrer Ausgestaltung unterscheiden, ob es sich um eine weibliche oder männliche Figur handelt. Die »Damen« kommen etwas ausladender daher; auf jeden Fall muß der Rock bzw. Unterrock so breit sein, daß die Figur gut darauf stehen kann.
Wir haben schon in den »Regeln« gehört, daß wir die Maisblätter ca. ½ Stunde vor Arbeitsbeginn in lauwarmem Wasser einweichen. Geben Sie sie in eine breite Schüssel, die Ihnen einen guten Überblick auf breite, »kostbare« und schmale, mindere Blätter bietet. Legen Sie ein Tuch neben die Schüssel – Sie werden sehen, Sie werden's brauchen!
Der erste Arbeitsgang (Abb. 92) ist das Andrahten des Kopfes. Seine Größe richtet sich nach der fertigen Figur. Sie bohren mit der Ahle ein Loch durch die Wattekugel und ziehen den Draht durch. Seine Länge richtet sich nach der Größe der Figur; im Falle des heiligen Josef, den wir als Maßstab nehmen wollen, hat der Draht eine Länge von 12 – 15 cm. Die Enden des Drahtes stehen so aus der Kugel heraus, daß sich ein ganz kurzes und ein langes Ende ergibt. Beide werden mit der Flachzange sehr fest miteinander verzwirbelt. Je fester Sie anziehen, desto stabiler wird die ganze Figur. Auch das lange Drahtstück, das bis zum Rocksaum reicht, dient dieser Stabilität.
Zum Bespannen des Kopfes brauchen wir ein besonders schönes, glattes Blatt, das wir in dieser Weise zuschneiden:

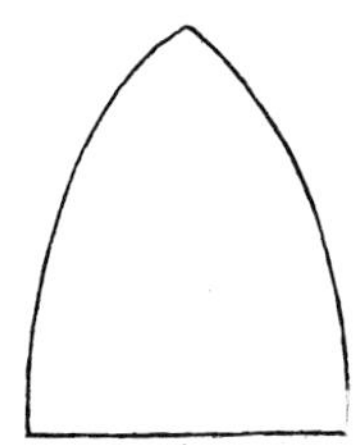

Man legt das Maisblatt flach auf den Tisch, legt den angedrahteten Kopf darauf, biegt den Zipfel des Blattes um und bindet mit beigefarbener Nähseide ab. Die Verzwirbelungsstelle des Drahtes muß natürlich hin-

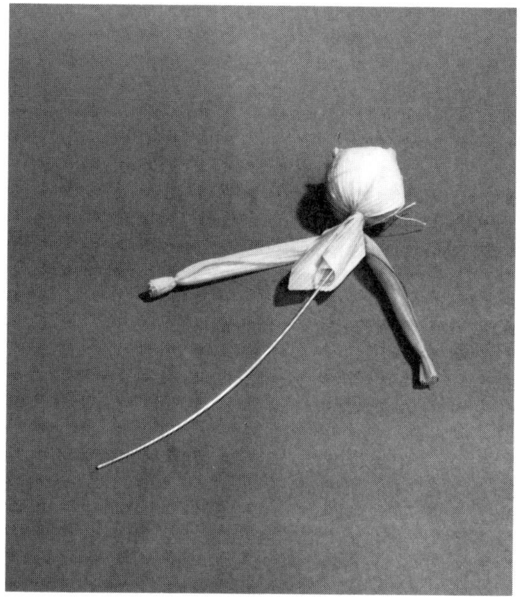

92 und 93: Der angedrahtete Kopf wird auf ein zurechtgeschnittenes Maisblatt gelegt

Der Kopf ist überzogen, zu beiden Seiten des „Rückgrates“ werden die Arme angesetzt

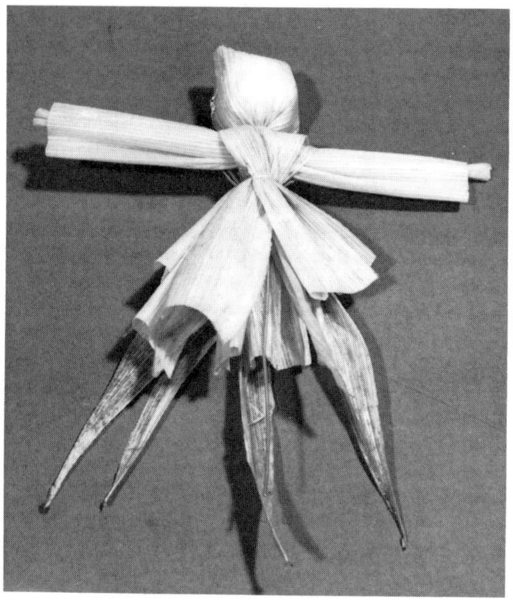

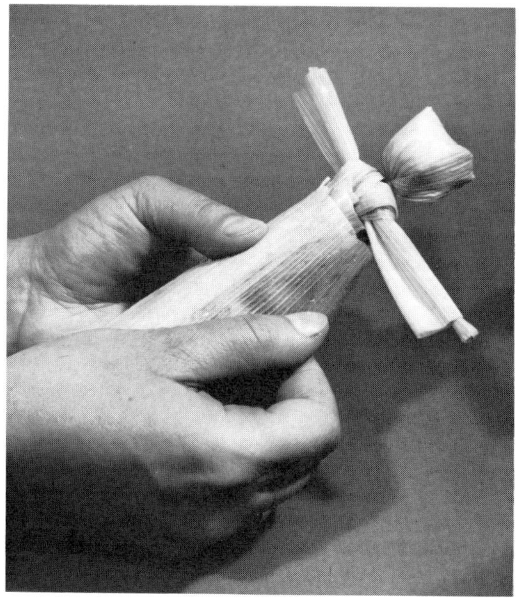

94 und 95: Das Formen der Figur

96 und 97:
Die Figur ist im wesentlichen geformt. Noch stehen am Kopf die beiden Spitzen auf. Um die Taille muß noch eine Kordel gebunden werden

Der hl. Josef mit dem Jesulein. Besonders gut zu sehen ist die nette Haar- und Barttracht

98 und 99:
Ein Hirte mit Zipfelmütze

Eine Frau mit hübsch gelegtem Haar

ten sein. Über dem Gesicht wird das Maisblatt vorsichtig so gedehnt, daß es möglichst glatt aufliegt. Dabei wird Ihnen auffallen, daß zu beiden Seiten des Kopfes »Tüten« abstehen, die man mit Uhu füllen, rundherum bestreichen und festkleben muß. Damit Sie nicht zu lange festhalten müssen, gebe ich Ihnen den Tip, ein Stückchen Faden darum zu legen, das später wieder entfernt wird. Auch am Hals wird ein Nähseidenfaden geschlungen und festgeknotet.

Den so begonnenen Kopf legen wir vorerst beiseite und machen uns an die Arme.

Das Drahtstück für die Arme ist ca. 10 – 11 cm lang. Wir hüllen es in ein schönes, breites Maisblatt, das wir mehrmals herumrollen. In der Mitte und dort, wo wir uns die Hände vorstellen, binden wir mit Nähseide ab, wobei wir darauf schauen, daß alle Knoten auf derselben Seite, nämlich unten sind. Bitte achten Sie darauf, wenn Ihre Kinder mithelfen, daß alles wirklich fest verknotet ist, damit sich nichts löst.

Für den normalen langen, schmalen Ärmel brauchen wir einen zurechtgeschnittenen Teil eines Maisblattes. »Weibspersonen« kann man auch Puffärmel geben, die viel kürzer und weiter sein müssen. Der normale Ärmel wird über den Arm gelegt, in der Mitte abgebunden und an den Rändern so zurechtgeschnitten, daß ca. ½ cm der Arme als Hände sichtbar sind. Die Ärmel werden hinten mit Uhu zusammengeklebt.

Wenn diese mit Ärmeln bekleideten Arme fertig sind, legen wir sie im rechten Winkel an den angedrahteten Kopf, wobei wir darauf achten, daß die Nahtstelle der Ärmel nach hinten zu liegen kommt. Wir schlingen Nähseide mehrmals kreuzweise über die Ansatzstelle, bis sie fixiert ist. Dann werden einige Maisblattstreifen kreuz und quer geschlungen, fallweise etwas mit Watte unterlegt, damit eine Brust entsteht. Die langen Blattenden kommen unter den Rock zu liegen. Die Arme müssen fest am Kopfdraht sitzen (Abb. 94).

Von den beiden Röcken, dem Unter- und dem Überrock, machen wir zuerst den Unterrock (Abb. 94). Dafür können wir minderwertige Blätter verwenden, die wir vom Armansatz abwärts immer um den Draht herumlegen, bis eine gute Standfestigkeit erzielt ist. Jedenfalls sollte der nachher angesetzte Überrock völlig ausgefüllt sein. Die einzelnen Blätter werden zur Erhöhung der Stabilität immer wieder mit Nähseide abgebunden. Man kann auch ganze Blätterbündel auflegen, wobei man freilich darauf achten muß, daß die Stehfläche des Unterrockes schön rund ist. Man schneidet die Blätter unten ab. Für den Überrock benötigen wir zwei schöne, breite Blätter. Wir legen erst das eine der Blätter so über die Vorderseite des Unterrockes, daß die Spitze des Blattes nach unten zeigt.

Dann binden wir es am Hals stark ab und biegen es nach unten. Mit dem zweiten Blatt machen wir am Rücken der Figur genau dasselbe. Diesen Überrock biegt man an den Enden um, fixiert die Nähte mit Uhu und fügt so die beiden Teile des Rockes aneinander. Dann wird der Überrock zurechtgeschnitten, wobei darauf zu achten ist, daß er um 2 mm länger ist als der Unterrock.

Beim Bemessen der Rocklänge muß man etwas vorsichtig sein. Durch das Trocknen der Blätter schrumpfen die Maße etwas; man gibt also vorsichtshalber bei beiden Rocklängen 1 – 2 mm zu, damit die Figuren nicht zu pummelig ausfallen. Man kann freilich auch anders verfahren und die Figuren über Nacht trocknen lassen und erst am nächsten Tag den endgültigen Schnitt durchführen. Dies stellt die einzige Ausnahme für die Regel dar, daß man Maisblätter stets nur in nassem Zustand weiterbehandelt.

Wenn wir die kleine Figur so vor uns liegen haben, beschließen wir die Haltung der Arme – in den meisten Fällen sind sie leicht nach vorn gebogen –, die in noch feuchtem Zustand ausgeführt werden muß, da sonst die Blätter brechen.

Als letztes wird der kleine Kopf mit einer Frisur geschmückt, in der sich allerdings die einzelnen Figuren deutlich voneinander unterscheiden. Über die Frisur

sprechen wir deshalb bei jeder der Figuren im einzelnen.
Eine Frage, an der sich die Geister scheiden, ist die nach der Bemalung des Gesichtes. Ich persönlich stehe auf dem Standpunkt, die Figuren sollten für sich sprechen, und lehne eine Bemalung ab. Wenn Sie jedoch nicht darauf verzichten wollen, warten Sie ab, bis das Gesicht ganz trocken geworden ist. Dann malen Sie mit schwarzem Filzstift die Äuglein, mit rotem den Mund. Ein kleiner Trick zum Malen von kindlich wirkenden Gesichtern: wenn Sie die Augen extrem tief und extrem weit auseinander malen, so wirkt das weit kindlicher, als wenn die Augen hoch und nahe beisammen sitzen. Die kleine Skizze mag Ihnen das verdeutlichen:

An die angegebene Grundfigur können Sie sich im wesentlichen halten. Änderungen geben wir an.

Der heilige Josef
Er ist die einfachste und größte der Figuren, weshalb wir mit ihm beginnen wollen (Abb. 97). Sein Unterkleid ist weit schmäler als das der Muttergottes, was ihn als »Mann« ausweist. Er sollte so groß sein, daß er die übrigen Figuren etwas überragt.
Das Gewand soll fließend sein, sofern man bei einem so starren Material wie den Maisblättern überhaupt von »fließend« sprechen kann. Um die Taille binden wir ihm eine dünne Kordel oder einen Wollfaden, die auch in einer abstechenden Farbe sein können.
Das Charakteristikum ist seine Haar- und Barttracht, die Sie besonders schön auf unserer Abb. 97 sehen. Wir bestreichen den verhältnismäßig großen Kopf ziemlich üppig mit Uhu und drücken dann den zurechtgezupften Maisbast an, der in getrocknetem Zustand eine sehr gefällige rostrote Farbe hat. Dasselbe machen wir auch beim Bart.

Die Muttergottes
Sie sollte ein wenig kleiner sein als der heilige Josef und hat demzufolge auch einen etwas kleineren Kopf. Sie trägt ein Schultertuch, dessen Einzelteile man in den Rock hineinsteckt, nachdem man es über der leicht ausgepolsterten Brust gekreuzt hat. Um die Taille wird ein Gürtel geschlungen.
Die Frisur können Sie aus verschiedenem Material machen: entweder aus etwas länger gezupftem Maisbast, aus Hanf oder aus Wolle. Wir haben unserer kleinen Madonna schwarze Wollhaare gegeben, die sie unter dem Kopftuch artig gescheitelt hat. Für dieses brauchen wir einen Streifen eines besonders schönen und geschmeidigen Maisblattes. Wenn man ganz sauber arbeiten will, kann man es an der Stirn leicht einbiegen. Die Außenränder dieses Streifens werden am Hinterkopf festgeklebt. Damit sich die Klebestelle nicht löst, kann man sie über Nacht mit einem Faden fixieren, den man nachher wieder entfernt.

Das Jesulein (Abb. 97)
Das Jesuskind unserer vorliegenden Krippe ist ein echtes Fatschenkind, d. h. es steckt in einer Art Steckkissen, das nach traditionellem Muster vorn mit überkreuzten Bändern gebunden ist. Wir können darauf verzichten, dem Jesulein ein allzu ausgestelltes Röckchen zu geben, weil dieses im Steckkissen nur hinderlich wäre.
Der Kopf des Jesuleins mißt nur 0,8 mm. Die Frisur können Sie aus geschnipselter, aufgeklebter Wolle oder aus Maisbast machen.
Die Ärmchen sind leicht nach vorn gebogen.
Das Jesulein liegt auf einem kleinen, rustikalen Stoff-

Fleckchen, das wir, damit es nicht franst und liebevoll ausschaut, mit der Zackenschere beschnitten haben.

Der Engel

Der Engel ist etwas kleiner als die Madonna, hat infolgedessen auch einen kleineren Kopf. Sein Rock ist ziemlich weit ausgestellt. Das Flügelpaar ist in einem Stück zugeschnitten und doppelt genommen, mit einer Lage Karton dazwischen, damit es steif genug ist. Die Flügel können Sie laut Skizze zuschneiden.

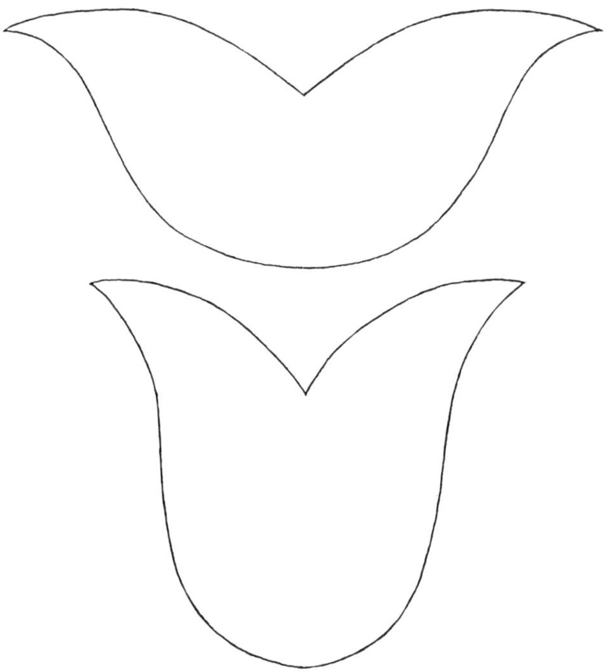

Das Flügelpaar wird erst dann angeklebt, wenn die Figur ganz fertig ist. In den Händen kann der Engel ein Glöckchen halten, ein Blümchen oder aber ein winziges Buch, in dem er gerade liest. Für dieses falten wir einen Streifen Maisblätter zweimal und kleben mit genügend Uhu fest. Um den Knick zu erhalten, hat sich noch immer eine Büroklammer am besten bewährt. Das kleine Buch muß trocken sein, ehe man es an den Händen festklebt.

Die Frisur kann nach Belieben gestaltet werden, so z. B. aus einem länger genommenen Gespinst von Maisbast. Die winzige Halskrause, die an dem Kleidchen ein zusätzlicher Schmuck ist, haben wir aus dem obersten, steifen Teil eines Maisblattes geschnitten, dort, wo es sich nach innen wölbt.

Der kniende Hirte

Der kniende Hirte wird etwas anders gemacht als die Grundfigur, da wir ihm eine Hose anpassen wollen. Das beginnt damit, daß wir vom Nabel weg zwei Drähte als Beine nach unten führen. Diese Drähte werden mit Maisblättern umhüllt, bis die nötige Stärke erreicht ist. Geklebt wird wie immer mit Uhu. Über diese Beine legen wir zwei Streifen von besonders schönen Maisblättern, so daß eine Hose entsteht, die ca. 1½ – 2 cm kürzer ist als die Beindrähte, die man in noch feuchtem Zustand zu Beinen abwinkelt. Damit die Brust nicht einfällt, legt man einige Maisblattstreifen übereinander. Man kann auch mit etwas Watte abfüttern. Das darüberliegende Wams muß so lang sein, daß der Ansatz der Beine, der nicht sehr ordentlich aussieht, verdeckt ist. Die Frisur des Hirten ist kurz und jugendlich und besteht entweder aus Wolle oder aus Maisbast.

Die Bäuerin und das Kind

Die Bäuerin wird analog der Grundfigur gemacht, während das Kind, das sie im Arm trägt, die Maße des Jesuleins hat. Jeder Teil wird für sich gemacht und in fertigem Zustand zusammengefügt.

Die Heiligen Drei Könige

Jede Figur wird für sich gemacht, und zwar, da es sich

100 und 101:
Der Engel ist durch die Flügel zu erkennen. Er hält ein Notenblatt in der Hand

Der kniende Hirte wird etwas anders gemacht als die Figuren mit Rockteil

102 und 103:
Diese Figur einer Frau mit Kind am Arm kann ebenso gut als Madonna als als Bäuerin eingesetzt werden

Die Heiligen Drei Könige sind untereinander durch ein Drahtstück verbunden

ja um Männer handelt, verhältnismäßig groß und schmal. Sie sind untereinander in Größe und Breite ungefähr gleich. Das für sie Typische sind die Kronen, die man zweimal aus Maisblättern zuschneidet und zwar so, daß die Faserrichtung senkrecht verläuft. Zwischen die beiden Lagen kann man zur Erhöhung der Festigkeit eine Lage Halbkarton legen. Die Heiligen Drei Könige unserer Krippe haben Haare aus zurechtgeschnittener schwarzer Wolle. Ein König hält einen Stern mit langem Schweif, der andere ein Mini-Rauchfaß. In Ihrem Fall wird die Ausschmückung davon abhängen, welche Mini-Gegenstände Sie zur Verfügung haben werden.

Um die Könige als Gruppe zu gestalten, können wir sie entweder aneinanderkleben oder wir formen aus einem Stück stärkeren Drahtes zweimal ein U-förmiges »Gestell« mit abgeplatteter Grundlinie, mit dem wir die Könige von unten her an den Unterröcken zusammenhalten.

Das Schäfchen

Das Schaf ist das Schwierigste an diesen Krippenfiguren, weshalb wir es uns als letztes lassen, wenn wir schon geübte Maisblatt-Bastler sind. Wie schon in der Materialliste angegeben, brauchen wir für das Schaf einige Dinge, die wir bei den anderen Figuren nicht benötigt haben. Das beginnt schon bei dem eiförmigen Kopf. In manchen guten Bastelläden gibt es Watteköpfe, die an einem Ende abgestumpft sind, also so ausschauen:

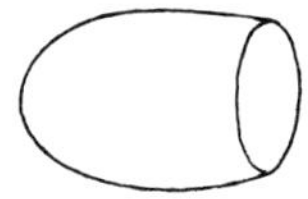

Dieses Gebilde durchbohren wir am abgestumpften Ende mit der Ahle und stecken einen Draht hindurch. Aus einem anderen Drahtstück, das man zur Erzielung höherer Stabilität doppelt nimmt, formen wir ungefähr die Form mit Hals und Rumpf. Wenn man Glück hat, findet man ein Watteei, das genau der Größe des Rumpfes entspricht. Das setzen wir in die aus Draht gebildete Schlaufe ein. Sonst füttert man mit Watte ab. Egal, mit welchem Material wir arbeiten, auf eines müssen wir bedacht sein: das Schäfchen muß ganz superschlank und sehr klein begonnen werden, denn die Locken, die ihm aufgesetzt werden, tragen sehr stark auf.

Als erstes wird der kleine Kopf so mit Maisblattstreifen überzogen, daß er vorn ganz glatt ist. Sein Draht wird mit dem des Rumpfes verbunden. Mit beigem Garn wird abgebunden. Besonders schöne Maisblattstreifen umhüllen den Rumpf. Wenn das Rohgerüst fertig ist, werden, am Kopf beginnend, die Locken aufgelegt. Diese hat man bereits am Tag vorher in Angriff genommen.

104 An der Maiskrippe ist ohne Zweifel das Schäfchen am schwersten zu machen

Man schneidet sehr schmale Streifen Maisblatt zu, taucht sie in Leimwasser und wickelt sie fest über eine feine Stricknadel (Nr. 2). An die Wärme gebracht, sind diese Locken bald trocken und steif.
Wir beginnen das Belegen des Körpers mit Locken am Kopf und fahren erst zwei- bis dreimal hin und her. Ab dem Halsansatz wickeln wir rundherum, wobei immer am Bauch gestückelt wird. So wickelt man sehr eng den ganzen Körper bis zum Schwanz. Dieser wird gebildet durch eine gerollte längere Locke. Zwei kleine Stückchen Maisblatt ergeben die Ohren.
In diesen kleinen Torso sticht man mit der Ahle auf der Bauchseite vier Löcher, in die man zugespitzte runde Zahnstocher oder Schaschlikstäbchen-Stücke einleimt, wobei man auf die Standfestigkeit der Figur achten muß. Die Beinchen sollten etwas nach außen gerichtet sein. Um es noch einmal zu sagen: wenn Sie nicht statt eines zierlichen, lieben Schäfchens einen riesigen, unförmigen Widder bekommen wollen, müssen die Ausmaße extrem klein gewählt werden.

Das Zusammenbauen der Krippe

Wir würden Ihnen empfehlen, erst einmal alle Figuren zu machen, und nach ihren Maßen dann die Maße der Krippe zu bestimmen. Für sie besorgen wir uns ein nicht zu dünnes Brett in der richtigen Größe. Auf ihm zeichnen wir uns die Stellung der Figuren ein und treiben an diesen Stellen längere Nägel von der Rückseite durch das Brett. Sie halten, in die Unterröckchen geschoben, die Figuren fest. Auch die passende Stelle für die Wurzel, die die Grotte bildet, wird angezeichnet und diese Wurzel dann entweder von hinten oder von vorn durch Nägel befestigt. Die Nagelkuppen dürfen nicht sichtbar sein.
In der wärmeren Jahreszeit haben wir uns dünneres Moos besorgt, das wir jetzt mit Tischlerleim auf dem Grundbrett aufkleben. Dann kommt das Schönste: das Aufstellen der Figuren. Wenn Sie beim Planen der einzelnen Aufstellungsorte Ihr Bestes gegeben haben, sollte eine hübsche kleine Gruppe entstanden sein. Um Ihnen dafür eine Anregung zu geben, zeigen wir Ihnen in der Folge unserer Abbildungen nicht nur die einzelnen Figuren, sondern auch die ganze, zusammengebaute Krippe.

Die große neunteilige Rupfenkrippe

(Figurenhöhe ca. 25 cm)

Die Figuren dieser Krippe sind eindeutig die größten, sowohl im wirklichen wie im übertragenen Sinn. Sie sind so konzipiert, daß sie für sich allein bestehen können, also keinen Stall benötigen, keinen Unterstand; sie allein beherrschen den Raum. Die Fläche, auf die sie postiert werden, sollte nicht zu gering bemessen sein. Ich habe meine eigenen Figuren auf einem eigens dafür zugeschnittenen, vorn leicht abgeschrägten und mit braunem Rupfen überzogenen Brett stehen, das die Maße 50:90 cm hat. Auf diese Grundfläche gestellt, kommt jede Figur gut zur Geltung.

Was ein zusätzliches Plus dieser Krippenfiguren ausmacht, ist der Umstand, daß man – was sonst oft nicht möglich ist – einzelne Figuren, z. B. den Engel oder die Geburtsgruppe für sich allein aufstellen kann. Der Engel ist als Einzelgabe ein schönes und originelles Weihnachtsgeschenk. Er ist relativ rasch gemacht, während wir denjenigen, die die ganze Krippe zu machen beabsichtigen, empfehlen wollen, rechtzeitig im Herbst damit zu beginnen. Schon das Besorgen des benötigten Materials wird einige Zeit in Anspruch nehmen.

Und mit diesem Material wollen wir uns jetzt ausführlich beschäftigen. Um Ihnen die Arbeit zu erleichtern, habe ich eine genaue Besorgungsliste aufgestellt, nach der Sie vorgehen können. Ein Tip am Rande: beginnen Sie mit der Arbeit erst dann, wenn Sie alles, was Sie benötigen, beisammen haben.

Materialverzeichnis:

Für die *Grundfiguren* brauchen Sie:

Rupfen (für alle neun Teile ca. 1½ – 2 m)
Figurendraht
Styroporkugeln, Durchmesser 6 cm
zu Streifen geschnittenen Unterwäschestoff
Stecknadeln mit kleinem Kopf
Hanf für die Haare
Bindfaden (Spagat), ganz dünn, zum Nähen
Blumendraht
verdünntes Leimwasser
Kleber, z. B. Uhu-Coll Express
Uhu

Für den *heiligen Josef* zusätzlich:

Brokatfleck, 26 × 29 cm, und
95 cm Goldborte für den Mantel
Ein Stückchen Luffaschwamm oder etwas Baumbart als Bart

Für die *Madonna* zusätzlich:

schwarzen Filz für Hut und Leibchen
drei Goldpailletten als Knöpfe
16 × 17 cm Storestoff für die Ärmel
11 cm weiße Spitze für den Mantel
Brokatstoff, 32 × 32 cm
77 cm Goldborte für den Mantel
50 cm rustikales Band oder schmale Goldborte für den Hut

Für das *Jesuskind* zusätzlich:

Styroporkugel, Durchmesser 2 cm
etwas stärkeren Draht zum Formen des Körpers
gelbe Wolle für die Haare
Stricknadel zum Aufwickeln der Haare
ein Stückchen Karton für das Steckkissen
11 cm Goldkrause (»Bouillon«) für den Heiligenschein

11 cm weiße Spitze für die Krause
32 cm weiße Spitze und
70 cm hellblaues, extrem schmales Band für das Steckkissen

Für den *Engel* zusätzlich:
16×17 cm Storestoff für die Ärmel
ein Stück Samt und
180 cm Goldborte für den Umhang
60 – 70 cm Band als Gürtel
ein Stück Karton, 19:23 cm, und
ein Stück Filz für den Flügel
70 – 80 cm Goldborte
etwas Erikamoos, einige Staubgefäße

Für den *alten Hirten* zusätzlich:
ein Stückchen grünen Filz für den Hut
ein paar weiße, dünne Staubgefäße als Hutschmuck
ein Stückchen Luffaschwamm oder Baumbart als Bart
ein Stückchen braunes Rauhleder für die Schuhe
ein Stückchen kurzhaariges Fell als Mantel
ein Stückchen Halbkarton für die Laterne
eine kleine Kerze
einen kleinen Ring

Für den *jungen Hirten* zusätzlich:
ein Stückchen weißes Leinen für das Westchen
ein Stück Filz für das Jäckchen
zwei Goldpailletten
ein kleines Körbchen, ca. 6 cm hoch
15 – 20 Kunststoffäpfel oder -birnen (klein)
etwas Erikamoos
etwas Mosy oder Plastilin

Für den *knienden König* zusätzlich:
schwarze wasserlösliche Farbe (Plaka)
einige Streifen kurzes schwarzes Fell für die Frisur
Brokat oder Samt, 16×31 cm
66 cm Goldborte für den Mantel
40 cm Goldband für den Mantel
etwas Filz
Seidenstoff, 9×30 cm, für den Turban
Schaumstoff als Füllmaterial
ein kleines Plastikschächtelchen, ca. 4:4 cm
Goldband zum Bekleben der kleinen Schachtel
Pailletten, Glassteinchen

Für den *stehenden König* zusätzlich:
schwarze wasserlösliche Farbe (Plaka)
Persianerfellreste für die Frisur
Brokatstoff 18×35 cm für den Mantel
76 cm Goldlitze oder -borte für den Mantel
ca. 70 cm Band in zum Mantel passender Farbe
goldfarbene Metallfolie für die Krone
einige bunte Glassteinchen für die Krone
ein Stückchen Seide für die Krone
einen dünnen Stab, 36 – 40 cm lang, für den Stern
Karton für den Stern
Goldkordel und -band

Für den *reitenden König* zusätzlich:
Brokat oder Samt, 20×25 cm, für den Mantel
60 cm Goldborte für den Mantel
30 – 40 cm Goldband für den Mantel
etwas Rauhleder für die Schuhe
20 cm stärkeren Draht für die Krone
30 cm Blumendraht für die Krone
40 cm goldüberwindelten Draht (»Bouillon«) für dic Krone
Glasperlen für die Krone
Goldband für die Krone
eine »goldene« Kette
50 cm braune Kordel als Leine für das Kamel

Für das *Kamel* zusätzlich:

- Füllmaterial (Schaumstoff)
- 80 cm starken Draht für das Gestell
- viel naturfarbenen Bindfaden (Spagat)
- braunes Rauhleder für die Sohlen
- zwei kleine Stückchen Luffaschwamm als Ohren
- 35 cm Teppichfransen-Borte, naturfarben
- 30 cm buntfarbene Borte für den Sattel
- eine lange Tapezierernadel

Das Grundmaterial für alle Figuren ist der Rupfen, natürlich naturfarbener, den Sie im Bastlerladen bekommen oder dort, wo es Tapeziererbedarf gibt. Rupfen ist ein sehr preiswertes Material, weshalb Sie beim Einkauf ruhig etwas großzügiger sein können. Der Figurendraht wird Ihnen, wenn Sie nicht schon Drahtfiguren gemacht haben, vielleicht neu sein. Es ist ein mit einer Art Kokosfasern umsponnener biegsamer Draht, der einen Durchmesser von ca. 5 mm hat. Aus ihm werden die Figuren gebogen.
Von den Figuren gibt es zwei Haupttypen, nach denen gebastelt wird: die Figur mit Rock und die mit Hosenbeinen. Nachdem die Rockfigur einfacher zu machen ist, wollen wir mit ihr beginnen.

Grundfiguren

Die *erste Grundfigur:* Man schneidet mit einer Schere in die 6-cm-Styroporkugel einen Schlitz, bestreicht ihn an der Innenseite kräftig mit Leim und legt ein Stückchen Figurendraht, das die Kugel um ca. 4 cm überragt, ein. Dieses Stückchen bildet den Hals. Um erhöhte Festigkeit zu erreichen, stecken wir noch 3 – 4 Stecknadeln durch.
Zum Überziehen des Kopfes schneiden wir aus Rupfen einen Fleck von 13 × 13 cm. In einer Schüssel haben wir uns Leimwasser vorbereitet (wenn wir für einen Tag die Arbeit beendet haben, füllen wir es in eine gut beschriftete Flasche, um es später wieder bei der Hand zu haben). In diesem Leimwasser tränken wir das Rupfenstück, winden es gut aus und überziehen damit die Kugel (Abb. 105). Wichtig ist, daß der Rupfen auf der Vorderseite ganz glatt gespannt ist. Deshalb nehmen wir den Fleck schräg. An der Stelle der Ohren und des Hinterkopfes werden kleine Falten gelegt und mit Stecknadeln festgehalten. Den überstehenden Rupfen schneidet man nicht zu knapp ab.
Aus Figurendraht formen wir die beiden Arme. Der Draht mißt im ganzen 30 – 32 cm.

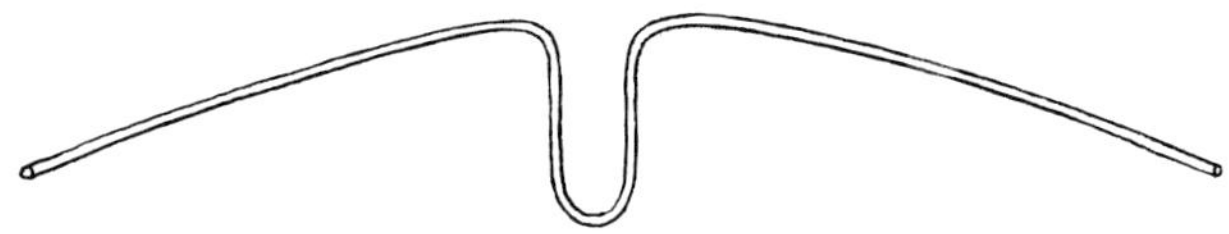

In die angedeutete Vertiefung legen wir den angedrahteten Kopf und umwickeln alles fest mit Blumendraht. Mit in Streifen geschnittenem Unterwäschestoff umwickeln wir den Mini-Rumpf und fahren mit dem Band auch einmal kreuzweise zum Halsansatz hinauf. Das Ende des Bandes wird mit einer Stecknadel festgehalten.

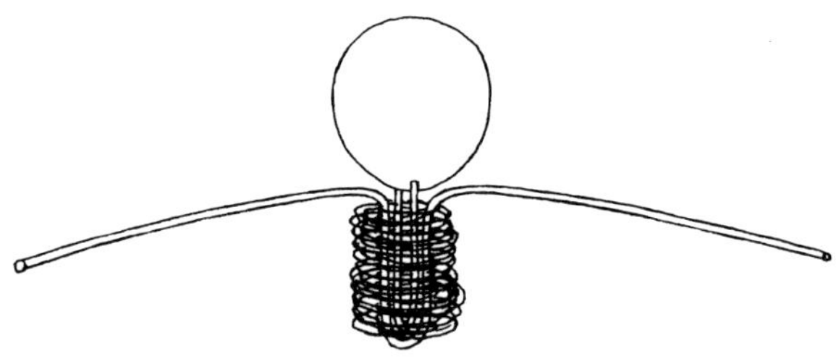

Der nächste Arbeitsgang ist das Überziehen der Arme. Dafür schneiden wir uns zwei Rupfenflecke von ca. 5 × 10 cm Größe, tränken sie mit Leimwasser, winden sie gut aus und bestreichen sie noch zusätzlich mit Leim. Für diese Tätigkeit hat sich ein mittelbreiter Borstenpinsel besonders bewährt. Dann überziehen wir die Arme, wobei wir den Rupfenfleck am unteren Abschluß und am seitlichen Ende einschlagen, da das Material sonst fransen würde. Um die Klebstellen festzuhalten, fixieren wir mit einigen Stecknadeln. Mit spitzem Gegenstand schieben wir alle Fäden in die »Naht« hinein. Schließlich lassen wir unseren Torso erst einmal trocknen und entfernen die Nadeln.

Als nächstes machen wir uns ans Zuschneiden des Rockes. Dieser besteht gleichfalls aus Rupfen und hat die Maße: Weite 40 – 45 cm, Höhe ca. 36 cm. Die Höhe wird in der Mitte geknickt, da der Rock doppelt sein muß, um genügend Standfestigkeit zu haben. Der Rockstoff wird in Leimwasser getränkt, in der Mitte gefaltet und in großen Falten um den Rumpf der Figur gelegt (Abb. 106). Damit er nicht franst, wird er dort, wo sich die Teile treffen, eingeschlagen und mit Leim festgehalten. Auch hier tun einige Stecknadeln gute Dienste, die man nach dem Trocknen entfernt.

Ist alles getrocknet, kann man ans Bekleiden der Figur mit Rupfenärmeln gehen. Dafür schneiden wir Rupfenflecke von 12 cm Länge und 7 – 8 cm Breite, die wir mit dünnem Bindfaden (Spagat) der Länge nach zusammennähen. Unten schlagen wir sie ein. Die Ärmel werden umgedreht und mit Spagat am Oberkörper festgenäht. Zur Verkleidung des sehr häßlichen Oberkörpers näht man ein kleines Wams an, das ganz gerade geschnitten und ca. 12 cm lang und 8 cm breit ist. Dieses Wams wird an einer Seite – der später rückwärtigen – geschlitzt. An den Seiten und am vorderen Rand ist es, um nicht zu fransen, umgebogen. Das Wams wird mit unsichtbaren Stecknadeln am Rumpf festgesteckt (Abb. 107).

Die *zweite Grundfigur,* die mit den Hosenbeinen, ist etwas anders zu machen als die mit dem Rock. Das beginnt schon beim Bemessen des Figurendrahtes. Dieser wird so gelegt, das ein Teil den rechten Arm und das rechte Bein samt Fuß bildet, der andere Teil den linken Arm, Bein und Fuß. Dafür werden die Stücke Figurendraht auf jeweils 28 – 30 cm Länge bemessen und so gebogen, daß die Arme ein bißchen abstehen. Beide Teile werden so an den angedrahteten Kopf gelegt, wie die Zeichnung zeigt.

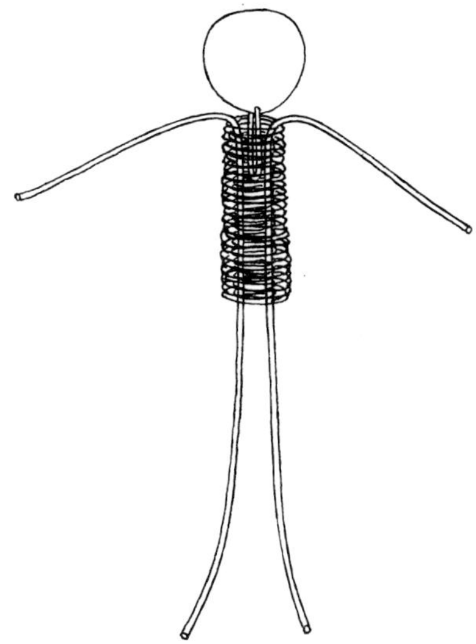

Der Rumpf wird bis in Schritthöhe zunächst mit Blumendraht, dann mit Trikotstreifen umwickelt. Dann werden, wie wir es bei der ersten Grundfigur gemacht haben, die Arme und Beine vom Knie abwärts überzogen. Die Hosenbeine werden zugeschnitten – zwei Flecke von 20 cm Länge und 10 cm Breite – unten eingeschlagen und bis in Schritthöhe zusammengenäht. Der obere Teil bleibt offen und wird dann mit dem offenen Teil des zweiten Hosenbeines zusammengenäht, so daß eine kleine Hose entsteht. Wir ziehen sie der Figur an, legen sie oben in Falten und halten diese durch eine Wickelung von Blumendraht fest. Das kleine Wams wird angezogen, wie bei Figur eins beschrieben (Abb. 110).

105 und 106:
Die Styroporkugel wird mit dem Rupfenfleck überzogen, die Armdrähte angebracht

Der Rockstoff wird um den Torso gelegt, die hintere Naht durch Überkleben geschlossen und alles um die Taille mit Draht umwickelt

107 Die Arme sind überzogen und in feuchtem Zustand mit Stecknadeln fixiert, die man später entfernt. Über den Rock wurde ein kleines Wams gelegt

108 und 109: Grundfigur 2. Arme und Beine sind mit Draht, dann mit Trikotstreifen befestigt

Die Arme sind übergezogen, desgleichen die Beine vom Knie abwärts

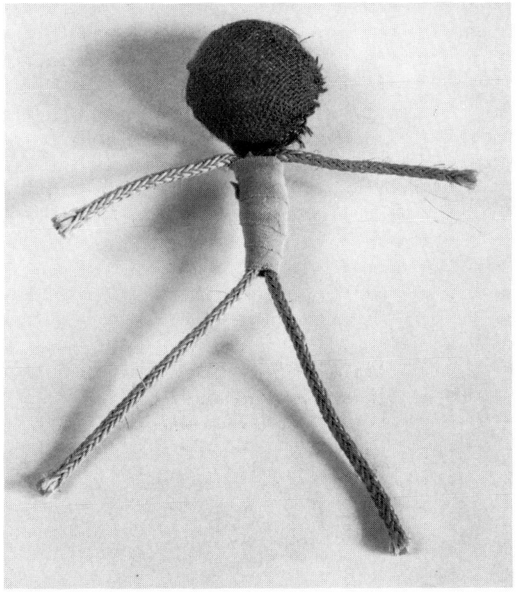

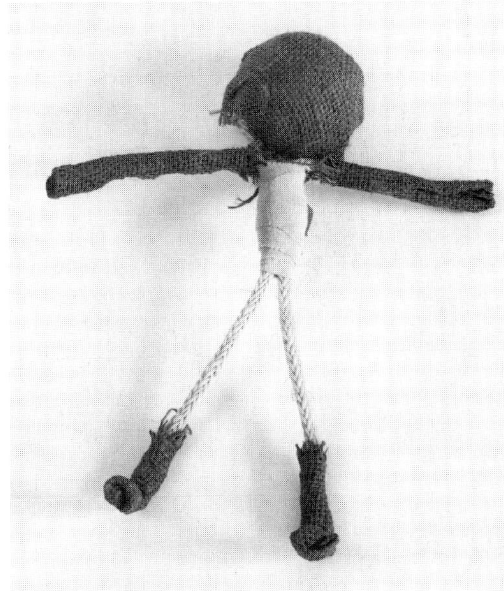

110 Die Hosenbeine sind übergezogen, das kleine Wams festgesteckt

Beide Grundfiguren erhalten Frisuren aus Hanf, den man dem Charakter der Figur entsprechend formt. Darüber hören Sie in den Beschreibungen der einzelnen Figuren.
Der Reiz dieser Krippe liegt eindeutig in dem Zusammenspiel des groben Rupfens mit dem edlen Material der Mäntel und Umhänge, die aus Brokat, Samt oder Seide bestehen. Um eine gekonnte Farbwahl zu treffen, legen Sie alles an kostbarem Material, das Sie entweder schon hatten oder aber sich besorgt haben, vor sich hin und gustieren die Muster und Farben so lange, bis ein ausgewogenes Bild entsteht, in dem kein Farbton hervorsticht. Schreiben Sie sich auf, für welche Figur Sie welche Farbe vorgesehen haben und achten Sie darauf, daß diese sich nicht »beißen«.

Madonna mit Jesuskind
Die beiden Figuren werden einzeln gebastelt und erst in fertigem Zustand zusammengesetzt. Beginnen wir zunächst bei der Madonna. Beim Herrichten der Arme ist darauf zu achten, daß diese auch wirklich lang genug werden, um das Kind halten zu können. Ein Stück Figurendraht von 39 cm ist gerade das rechte Maß. Soll aus irgendeinem Grund Ihre Madonna – die übrigens auch als Einzelfigur und abseits von jeder Krippendarstellung sehr nett und rustikal aussieht –, größer sein, müssen naturgemäß auch die Arme länger sein. Ansonsten gehen wir vor, wie bei der Grundfigur eins beschrieben. Nur muß, da die kleine Figur nicht steht, sondern kauert, der Rock um ein beträchtliches weiter sein als dort angegeben. Die Maße 42 cm für die Breite und 64 cm für die Länge haben sich gut bewährt. Ebenso bewährt hat sich eine spezielle Verfahrensweise, die wir für alle Röcke, die einen gewissen »Stand« haben sollen, nur wärmstens empfehlen können: Tränken Sie den zugeschnittenen Rockteil im Leimwasser, winden ihn aus, glätten den Stoff und binden ihn in tiefen Falten um die Figur. Dann pressen Sie diese nach unten, so daß sich der Rock bauscht. Helfen Sie nach, indem Sie den Stoff in dekorative Falten legen. Dann stellen Sie die begonnene Figur vor einen Heizlüfter, drehen diesen auf »warm« und bringen so das Gefältelte sehr rasch zum Trocknen. Auf diese Weise wird der leimgetränkte Rupfen viel steifer als nach langsamem Trocknen.
Wenn die Figur trocken ist, können Sie mit dem Einkleiden beginnen. Die Arme bekommen hübsche weiße Ärmel aus Gardinenstoff, 17 cm lang und 16 cm breit. Man schließt die Längsnähte und reiht oben und unten ein. Den oberen eingezogenen Rand näht man an der Figur fest. Ein Fleck desselben Stoffes von 7×7 cm, am Körper mit Nadeln festgesteckt, ergibt die restliche Bluse.
Für das Leibchen schneiden wir uns einen schwarzen Filzstreifen von 3 cm Höhe in der Länge des Brustumfanges. Auch die schmalen Träger sind aus Filz. Zunächst heftet man mit Nadeln die Träger am Körper fest und legt dann den Leibchenstreifen darüber, damit die Nadelkuppen verdeckt werden. Das Leibchen wird rückwärts festgesteckt. Sehr liebevoll schaut es aus, wenn man einige Goldpailletten als Knöpfe ansteckt. Ebenso liebevoll wirkt die schmale weiße Spitze oder Litze, von der man 11 cm benötigt und auf 6 cm Länge einzieht. Sie ergibt die Halskrause.
Der Hut ist in unserem Fall aus schwarzem Filz gemacht. Man schneidet das Material in Kreisform zu, tränkt in Leimwasser und zieht den Filz so lange über ein Glas, bis sich der kleine Kopfteil bildet. Vorsicht, nasser Filz reißt gern! Damit die Krempe auch wirklich waagrecht absteht, legt man die nasse Form auf eine ebene Unterlage. Dieser kleine Hut muß trocken sein, ehe er aufgesetzt wird, weshalb wir dringend empfehlen, ihn rechtzeitig in Angriff zu nehmen. Eine schmale Borte, die zudem die Stecknadelköpfe verdeckt, gibt zusätzlichen Schmuck.
Den Hut dürfen Sie allerdings erst aufsetzen, wenn Sie die Frisur gestaltet haben. In unserem Fall hat die kleine Muttergottes Schnecken über den Ohren, die

man aus zurechtgezupftem Hanf flicht. Man legt zunächst eine dünne Schicht Hanf glatt über den Hinterkopf, und zwar so, daß sich die Enden dort befinden, wo später die Schnecken sitzen.
Für den Mantel suchen Sie sich einen Samt- oder Brokatstoff aus, am passendsten natürlich in einem schönen Blauton. Der Stoff sollte die Maße 32 × 32 cm haben. Aus diesem Quadrat schneiden Sie sich diese Form aus:

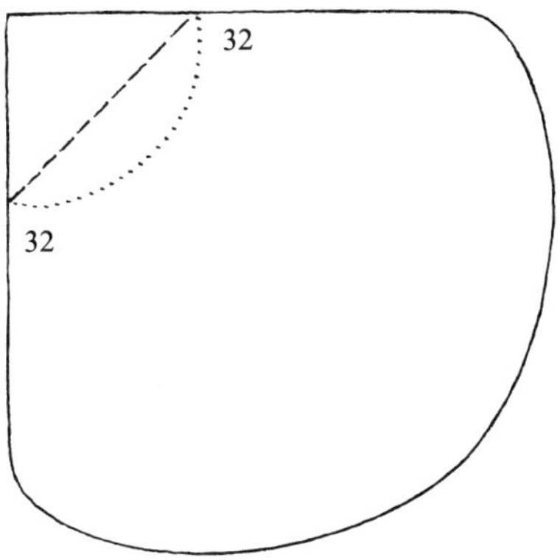

An der strichlierten Linie biegen Sie den Stoff ein, an der punktierten ziehen sie einen starken blauen Faden ein, dessen Enden Sie lang stehen lassen, damit sie später miteinander verknüpft werden können.
Der Mantelstoff wird rundherum eingeschlagen und mit Uhu festgeklebt. Auf die Außenseite wird eine Goldborte oder -litze geklebt. Wir legen der Figur den Mantel um, ziehen die Fäden am Hals und verknüpfen sie.

Wenn wir uns an die Vorarbeiten für das *Jesuskind* machen, sollten wir zuallererst die Locken präparieren. Dafür brauchen wir eine ziemlich dicke gelbe Wolle, die wir in Leimwasser tränken und sofort eng über eine Stricknadel wickeln. Wenn Sie diese der Wärme aussetzen, trocknet die Wolle rasch und wird sehr steif.

Inzwischen bereiten wir das Jesulein vor. Der erste Arbeitsgang ist das Zuschneiden des Steckkissens aus Karton, der diese Form hat:

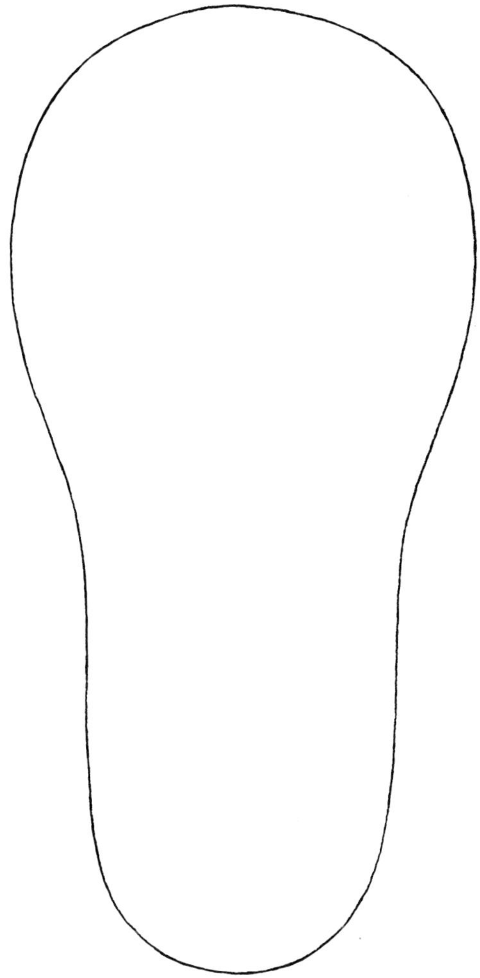

Er ist 13 cm lang und ca. 5,5 cm breit. Dieses Kartonstück überkleben wir mit Rupfen, den wir mit großer

Zugabe zuschneiden und die Ränder umbiegen. Die saubere Seite zeigt nach außen.
Für die Arme des Jesuskindes können wir nicht, wie sonst üblich, Figurendraht verwenden, weil dieser viel zu dick ist. Vielmehr bedienen wir uns eines ca. 1 mm starken Drahtes, von dem wir 16 cm abzwicken. Der Kopf besteht aus einer 2-cm-Styroporkugel, die wir so am Rumpf befestigen, wie bei der Grundfigur (S. 120) beschrieben. Die Arme werden angesetzt, wie dort geschildert. Auch das Umwickeln des Körperoberteiles, erst mit Blumendraht, dann mit Trikotstreifen, ist das gleiche.
Wir überziehen die leicht gebogenen Arme mit getränktem Rupfen und geben ihnen noch vor dem Trocknen die endgültige Form. Um den oberen Ansatz der Arme zu verdecken, legen wir ein Wams von 8 × 8 cm darüber, das wir gut festnähen. Das Jesulein ist noch mit einer Halskrause geschmückt, für die wir ein Stückchen Spitze von 11 cm auf 6 cm einreihen und am Hals festnähen. Sobald das geschehen ist, können Sie mit Uhu die Locken ankleben. Wenn Sie im Besitz von drahtdurchstochenem sogenannten »Bouillon« sind (das sind diese goldglitzernden Krausen, die man in den Alpenländern zur Herstellung von Gewürzsträußln verwendet), formen Sie aus diesem Material den kleinen Heiligenschein. Im anderen Fall hilft Ihnen doppelt genommene Goldfolie, die zu einem Ring geschnitten wird.
Ist der kleine Torso fertig, legen wir ihn zunächst einmal zur Seite und schmücken erst einmal das Steckkissen mit einer Spitze. Diese sollte ungefähr 32 cm messen und so viel eingehalten werden, daß sie gerade um den oberen freien Teil des Kissens geht. Wir nadeln die eingehaltene Spitze fest, legen dann den Torso des Jesuskindes auf und nadeln auch dieses fest.
Das Deckblatt des Kissens ist 14 × 14 cm groß und wird so auf- und umgelegt, daß das Jesulein bis etwa in Nabelhöhe darunter liegt. Die Oberfläche soll schön glatt sein. Sie wird geziert durch ein schmales hellblaues Band von 70 cm Länge, das man kreuzweise um das Kissen bindet.
Damit ist auch das Jesulein fertig, das der Madonna in den Arm gelegt und am Rock festgenäht wird.

Der heilige Josef

Diese liebenswerte Figur wird analog der Grundfigur (S. 128) gemacht und mit einem Mantel geschmückt, der aus einem 31 × 31 cm großen Quadrat aus Brokat besteht. Dieser Stoff-Fleck wird folgendermaßen eingebogen:

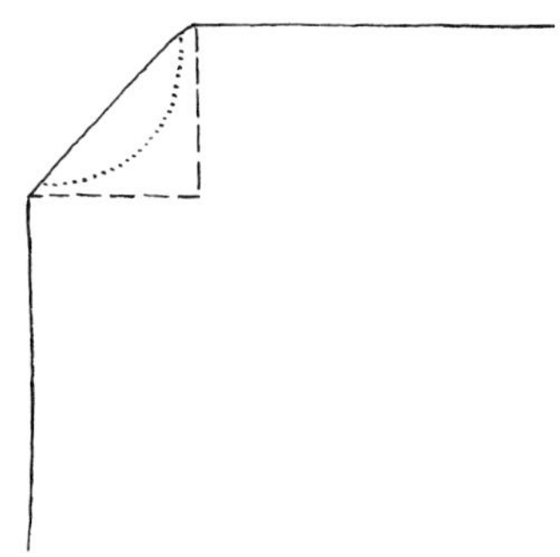

Entlang der gepunkteten Linie ziehen Sie einen starken Faden ein, dessen lange Enden später dem Josef um den Hals gebunden werden. Dadurch entsteht ein sehr kleidsamer kleiner Kragen. Bei diesem beginnend kleben Sie auf die umgeklebten Ränder des Brokats eine Goldborte oder -litze, von der Sie ca. 95 cm benötigen.
Als nächstes formen wir den Hut. Er besteht in unserem Fall aus einem in Kreisform ausgeschnittenen schwarzen Filzstück von 15 cm Durchmesser. Diesen runden Fleck tauchen wir in das Leimwasser, winden etwas aus und ziehen es über einen umgestülpten Joghurtbecher so lange zurecht, bis eine niedere Kopfform und eine abstehende Krempe entstehen. Vorsicht beim Ziehen – nasser Filz reißt! Lassen Sie den

Minihut gut trocknen, dann schneiden Sie die Krempe zurecht.
Während der Hut trocknet, geben Sie dem Kopf den letzten Schliff. Mit Uhu werden Hanf als Haare und ein Stück Baumbart als Bart angeklebt. Wenn Sie keinen Baumbart bekommen können, behelfen Sie sich mit einem Stückchen Luffaschwamm. Dieser wirkt am echtesten, wenn er schon ein paarmal zum Geschirrspülen gedient hat. Als letztes wird der Hut angeklebt.

Der Engel
Wenn Ihnen der Mut oder die Zeit fehlen, die ganze Krippe zu machen, können Sie diese Figur als Einzelstück machen. Der Engel als Einzelstück ist ein schönes und originelles Weihnachtsgeschenk.
Im Prinzip wird er nach der Grundfigur (S. 128) gemacht, nur daß wir die Weite des Rockes weiter (58 cm) nehmen.
Die Arme sind von pluderigen Ärmeln aus Storestoff bedeckt. Aus demselben Stoff ist das angenadelte Leibchen, das aus einem Fleck von 9 × 9 cm besteht. Für den Mantel brauchen Sie ein Stück Samt oder Brokat von 19 × 50 cm, das man an einer Schmalseite in der Mitte etwas mehr als die Hälfte tief einschneidet. Dadurch ergeben sich die abstehenden Vorderteile. Mit ca. 180 cm Goldborte bekleben Sie die umgeklebten Ränder, einschließlich des vorderen Einschnittes. Um die Taille schlingen Sie ein Goldband, das den Mantel festhält.
Das Flügelpaar ist aus Karton in einem Stück geschnitten.
Die eine Seite wird mit Rupfen beklebt, wobei man darauf achten muß, daß dieser nicht franst. Die andere Seite wird mit Filz in einer vom Mantel abstechenden, farblich aber dazu passenden Farbe beklebt, und zwar so, daß der Rand ca. 2 – 3 mm über den Kartonrand hinausragt. Die Vorderseite, d. h. dort, wo der Rupfen aufgeklebt wurde, wird mit einer Goldborte

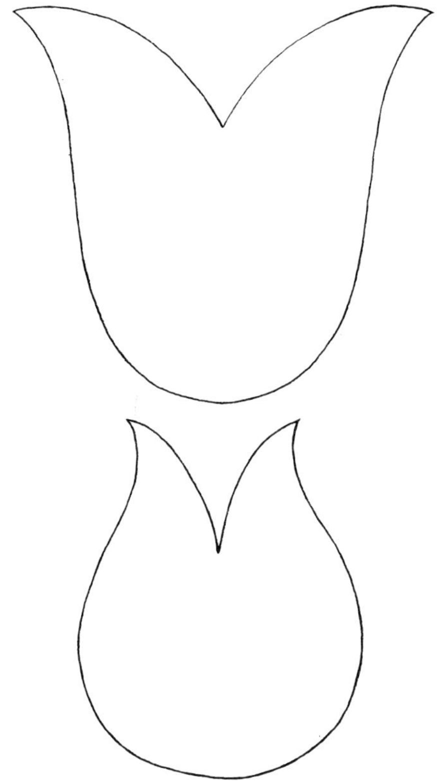

besetzt, deren Länge sich nach der Größe der Flügel richtet. Diese fertigen Flügel legen wir zunächst zur Seite, und machen erst einmal die Frisur.
Sie können natürlich jede beliebige Frisur anbringen. Damit wir Ihnen aber etwas Neues bieten, haben wir unserem Engel eine ganz spezielle Frisur gegeben, nämlich »à la Jahrhundertwende«.
Bestreichen Sie den Kopf der Figur reichlich mit Uhu, dann legen Sie ein größeres Bündel Hanf von ca. 20 cm Länge so auf den Oberkopf, daß die Haarsträhnen gleichmäßig nach allen Seiten fallen. Diese Strähnen heben Sie an und schlagen sie gleichmäßig bis zur Mit-

111
Die Geburtsgruppe

112 und 113:
Der Engel

Der stehende König

114 und 115:
Der junge Hirte

Der alte Hirte

116 und 117:
Der kniende König

Der reitende König

te zurück. Dort schneiden Sie den überstehenden Hanf ab. Sie werden reichlich Uhu dafür benötigen. Auf die Stelle, wo alle Strähnen sich in unschöner Weise treffen, kommt als Bekrönung die Haarschnekke, die Sie aus Hanf geflochten haben. Sie wird so angenadelt, daß sich keine Haarsträhnen darunter selbständig machen können.
Erst wenn die Frisur richtig »sitzt«, werden die Flügel – am Kopf, am Mantel und am Rock – festgeklebt.
Wir hatten das Glück, zur Ausschmückung unseres Engels ein besonders liebenswertes Material zur Verfügung zu haben: winzige Staubgefäße in zwei abstechenden Farben und etwas Erikamoos. Aus diesen beiden Materialien haben wir ein Mini-Sträußchen geformt, das wir dem Engel mit Silberdraht um die Hand gebunden haben. Sie können ihm aber auch die Hände zusammenbinden, ihm Notenblätter mit »Stille Nacht« in die Hand geben, ein winziges Musikinstrument oder ein kleines Glöckchen. Wie auch immer: der Engel sollte ein Glanzstück unter dem Christbaum sein!

Der junge Hirte

Diese kleine Figur ist im wesentlichen nach der Grundfigur (S. 129) gemacht. Mit einigen Ausnahmen: Die Arme bleiben zunächst nur mit Rupfen, aber mit keinen Ärmeln bedeckt; die Beine müssen unbedingt lang genug sein, da die Figur die Beine angewinkelt bzw. aufgestützt hat, was eine größere Beinlänge bedingt; der Brustfleck besteht nicht, wie sonst, aus Rupfen, sondern aus einem gleichgroßen weißen Leinenfleck, der besser gegen das Jäckchen absticht.
Der junge Mann trägt eine sehr jugendliche Frisur, für die Sie den Kopf reichlich mit Uhu bestreichen und ein Büschel Hanf gleichmäßig auflegen. Am Scheitelpunkt wird der Hanf abgeschnitten.
Das Charakteristikum des jungen Hirten ist das bäuerliche Jäckchen. Es ist aus Filz gemacht und hat folgende Maße: Rückenteil 7 × 18 cm, 2 Vorderteile 5 × 7 cm, 2 Ärmel 7 × 10 cm.
Die Ärmel nähen Sie zu Schläuchen, ziehen sie über die Arme und nähen sie fest. Das Rückenteil legen Sie in der Mitte zu einer tiefen Kellerfalte. Die Vorderteile haben keinen Halsausschnitt, weil die Ecken zu Revers umgebogen und festgenäht werden. Vorder- und Rückenteil werden zusammengenäht. Das Rückenteil soll abstehen, was der Figur etwas Possierliches gibt.
In einer Korbhandlung oder in der Bastelabteilung des Warenhauses werden Sie den kleinen Korb bekommen, den der junge Hirte dem Jesuskind darbringt, und der dafür sorgt, daß er nicht umkippt. Den Korb füllen Sie mit Mosy oder Plastilin, jedenfalls mit einer Masse, in die man die Stengel der kleinen Äpfel oder Birnchen steckt, die natürlich in der Größe angepaßt sein müssen. Den Korb befestigt man mit Draht an den Händen so, daß die Ärmel ihn verdecken.
Sehr wichtig bei dieser Figur ist die Haltung. Im Fall unserer Krippe hat sie das rechte Bein aufgestützt und kniet auf dem linken. Die Barfüße sind sichtbar.

Der alte Hirte

Diese Figur wird wie so manche andere nach der Grundfigur 2 (S. 129) gemacht. Im Fall der Haare sind wir allerdings anders verfahren. Um das Alter des Hirten zu betonen, haben wir ihm schlohweiße Haare (ein paar Stückchen langhaariges weißes Fell) gegeben. Der lange Bart ist aus Baumbart wie der des heiligen Josef.
Der Hut ist aus nassem Filz geformt und rasch getrocknet, damit er sehr steif wird. Ein kleines Büschel schwarz-weißer Staubgefäße wirkt wie ein Gemsbart. Ein schwarzes, kurzhaariges Fell ist dem Hirten über die Schultern gegeben und an der Brust zusammengesteckt.
Das Charakteristische an dieser Figur und dasjenige, was ihr Stand- bzw. Kniefestigkeit gibt, ist die Laterne. Dafür schneiden Sie nach diesem Schnitt erst ein-

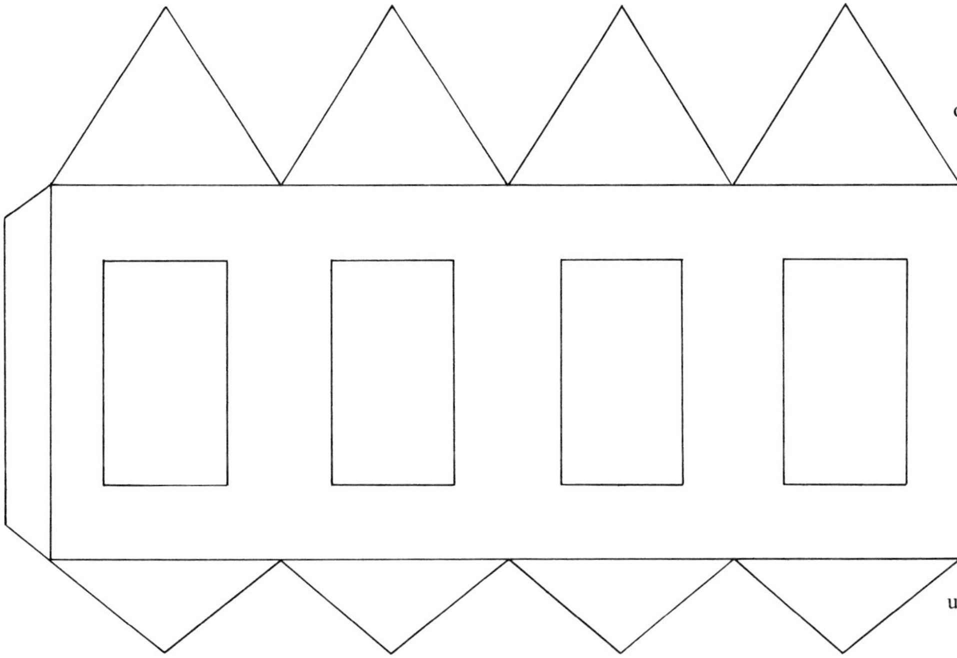

mal Halbkarton zu, den Sie mit Rupfen überziehen. Die Linien werden eingeritzt und die Laterne geformt. Mit Stichen hält man die kleinen Dreiecke oben und unten fest. In die fertige Laterne kleben Sie ein Stückchen Plastilin, das eine Mini-Kerze festhält.
Die Figur wird so gebogen, daß sie in anmutiger Haltung kniet.

Der stehende König

Für diesen König können Sie genau die Anleitung zur Grundfigur 1 (S. 128) befolgen. Der Mantel ist 25 cm breit, 35 cm lang, unten abgerundet und mit Goldborte besetzt. Er wird, damit er schön fällt, oben mit starkem Faden eingereiht und mit einem Goldband am Hals festgehalten. Die Frisur besteht in unserem Fall aus schmalen Streifen weißlichen Schaffelles, die so um den Kopf gelegt werden, daß kein Styropor sichtbar ist. Den Kopfputz können Sie so gestalten, wie es Ihnen das vorhandene Material diktiert. Wir hatten eine hohle Goldkordel zur Verfügung, aus der wir zwei Ohrenschlaufen geformt, diese festgenadelt und eine doppelte Reihe desselben Materials um den Kopf gelegt haben.
Das Markanteste an dieser Figur ist der Stern an einem langen Stab, den sie in der Hand hält. Wenn Sie sich leichttun wollen, machen Sie ihn rasch, noch ehe die entsprechende Hand trocken und damit steif geworden ist. Dann können Sie den Rupfen leicht durchstechen, was später nicht mehr möglich ist. Ist der Rupfen steif geworden, müssen Sie mit Silberdraht möglichst unsichtbar den Stab an der Hand befestigen.
Den Stern schneiden Sie zweimal nach folgendem Muster in Karton zu:

Sie überziehen beide Teile mit Goldpapier und kleben sie zusammen. Am unteren Ende lassen Sie eine Öffnung frei, durch die Sie den Stab stecken. Dieser ist ca. 38 cm lang und oben flach zugespitzt, damit sich seine Kante durch den Karton nicht durchdrückt. Der Stab ist mit schmalen Goldpapierstreifen überzogen. Leimen Sie den Stab zwischen die beiden Blätter des Sterns und schmücken Sie diesen mit einer Goldlitze. Ein Stück einer anderen Goldlitze, das aus der Öffnung herauskommt, vervollkommnet das Bild des Sternes.

Damit der Stab auf dem Untergrund gut stehenbleibt und nicht kippt, kann man das untere Ende in einen »Schuh« aus Plastilin oder sonst einer knetbaren Masse stecken.

Der kniende König

Der kniende König ist der Mohr in der Gruppe der Heiligen Drei Könige. Er hat ein kohlschwarzes Gesicht und ebensolche Hände und Füße. Am leichtesten tun Sie sich bei der Farbgebung, wenn Sie einem Teil Ihres Leimwassers reichlich schwarze wasserlösliche Farbe (wie z. B. Plaka) beifügen. Werden die erwähnten Körperstellen nur gräulich und nicht ganz schwarz, so helfen Sie mit unverdünnter Farbe nach.

Im allgemeinen ist die kleine Figur nach der 2. Grundfigur (S. 129) gemacht, also mit Hosenbeinen. Sie trägt einen Samtmantel der Maße 16:31 cm, der am unteren Ende in einem Bogen endet. Zum Verzieren der umgeklebten Ränder benötigen Sie ca. 66 cm Goldborte. Der obere Rand wird breit eingeschlagen und mit großen Vorderstichen so genäht, daß man den Faden einziehen und den Mantel unter dem Kinn festhalten kann. Der Umschlag ergibt den Kragen.

Der Kopf wird beklebt mit einer schwarzen Wuschelfrisur, die aus Streifen schwarzen Persianerfelles besteht.

In der Ausgestaltung der Kopfbedeckung werden Sie abhängig vom Material sein, das Sie zur Verfügung haben. Wir unsererseits haben ein Stück Filz zu einem Kreis mit einem Durchmesser von 7 cm geschnitten, und dieses ein wenig in der Mitte gedehnt. In diese Mitte haben wir zur Erzielung einer Kopfform etwas Schaumstoff-Flocken gefüllt und dann die Ronde am Kopf angenadelt. Eine sehr attraktive Silberkordel ist zweimal um den Kopf geschlungen; eine andere verläuft etwas tiefer.

Der kleine König hält ein Kästchen in der Hand, dem man sein »ordinäres« Vorleben jedenfalls nicht ansieht. Die kleine Schachtel, die im Fall unseres Königs verwendet wird, ist ursprünglich aus Plastik, 4×4 cm groß, und sieht sehr unscheinbar aus. Erst die Ausgestaltung mit Goldpapier und -bändern hat eine kleine Kostbarkeit daraus gemacht. Besitzen Sie Glitzer- oder Glasperlchen, kleben Sie die auf den Deckel. Die Schatulle ist mit Silberdraht an den Händchen befestigt. Die Haltung des Königs ist durchaus nicht königlich, sondern im Gegenteil sehr demütig. Der kleine Mann kniet und ist leicht nach vorn gebeugt, was ihm den devoten Eindruck gibt.

Der reitende König

Die Figur wird haargenau nach der angegebenen Grundfigur 2 (S. 129) gestaltet. Ihr wird ein Brokatmantel umgelegt, der aus einem Stück Stoff der Maße 20 cm (Breite), 35 cm (Länge) gemacht wird, wobei auch hier der Stoff am unteren – dem Schleppenteil – abgerundet wird. Eine Kordel hält den Mantel am Hals fest. Der Kragen steht hinten ab.

Die Schnabelschuhe schneiden Sie aus etwas Rauhleder nach diesem Schnitt zu:

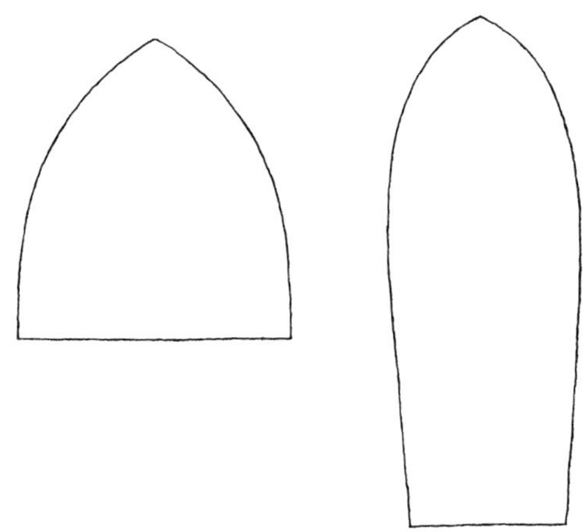

Das kurze Stück wird mit passender Nähseide an das lange genäht, über den Fuß gezogen und mit dem langen, überstehenden Teil über der Ferse festgenäht.

Was Ihnen an dieser kleinen Figur wahrscheinlich am schwersten fallen wird, ist die Beschaffung des passenden Materials für die Krone. Am besten hat sich

dafür noch immer »Bouillon« bewährt, das man, wie schon verschiedentlich erwähnt, in den Alpenländern zum Binden von Gewürzsträußlein verwendet. Ich meine hier jene Art, die von einem biegsamen Draht durchstochen wird, der es uns ermöglicht, das »Bouillon« nach Belieben zu formen. Am leichtesten tun Sie sich, wenn Sie zunächst einen Ring drehen mit dem Durchmesser 7 cm, diesen durch Herumwickeln desselben Materials verstärken und dann in 6 Teilen fortlaufend das Oberteil der Krone formen, wobei Sie oben am Schnittpunkt das »Bouillon« fixieren.
Um die kleine Krone besonders prunkvoll zu machen, haben wir ihr einen zusätzlichen Schmuck von kleinen Glasperlen gegeben, die, auf einem Draht aufgefädelt, bogenförmig am unteren Rand verlaufen.
Arbeiten Sie die Krone extra, geben der Figur eine schlichte Frisur aus Hanf und kleben mit Uhu die Krone fest. Es versteht sich von selbst, daß Sie, wenn Sie nicht über dasselbe Material verfügen wie wir, sich etwas Gleichwertiges und ebenso Hübsches einfallen lassen müssen.

Das Kamel

Wir haben uns die Anfertigung des Kamels als letztes aufgehoben, weil es als einziges Tier dieser Rupfenkrippe völlig aus der Reihe tanzt. Wenn Sie von Anfang an sorgfältig arbeiten, sollte es Ihnen keine Schwierigkeiten bereiten.
Den Schnitt geben wir in verkleinerter Form wieder. Bitte zeichnen Sie ihn im richtigen Maß auf ein Packpapier; nach diesem Originalschnitt können Sie dann den Rupfen zuschneiden, wobei Sie rundherum überall reichlich 1 cm zugeben. Die großen Teile benötigen Sie zweimal, desgleichen die Innenseite der Beine mit angeschnittenem Bauchfleck. Die beiden kleinen Teile schneiden Sie je einmal zu. Von dem kleinsten Teil, den Fußsohlen, brauchen Sie vier Teile, zugeschnitten aus feinem braunem Rauhleder.
Bevor Sie an die Näharbeit gehen, formen Sie sich aus starkem Draht – ca. 40 cm lang – das Gerüst für die Beine unseres Kamels. Dieses Gerüst wird so gebogen:

ganz so, wie es den Maßen der Beine entspricht.
Die in Rupfen zugeschnittenen Teile werden zunächst – und das ist sehr wichtig und sollte nicht unterlassen werden –, entweder mit der Hand oder mit der Maschine umwindelt, da Rupfen ein sehr stark fransendes Material ist. Erst wenn alles versäubert ist, sollte man ans Zusammennähen der einzelnen Teile gehen. Man näht mit der Hand mit Überwindlungsstichen und beginnt bei den Beinen. Zunächst läßt man die Bauchnaht noch offen. Erst wenn der Bein- und Bauchfleck mit dem großen Schnitt-Teil verbunden ist, schließt man die Bauchnaht. Der nächste Arbeitsgang ist das Annähen der ledernen Fußsohlen, was man am besten mit brauner Nähseide macht. Nun werden die Drahtgestelle eingesetzt, jeweils eines für die beiden rechten Vorder- und Hinterbeine und eines für die linken. An dem Drahteinsatz vorbei werden alle vier Beine mit Schaumstoff gestopft, wobei man darauf achten sollte, keine »Krampfadern« zu erzeugen, sondern mit Hilfe eines dünneren Kochlöffelstieles oder eines Bleistiftes schön gleichmäßig zu stopfen, und das so kompakt, daß das Kamel auf diesen Beinen auch wirklich stehen kann. Abb. 118 des Kamels zeigt Ihnen diesen Zustand.
Ist das geschafft, wird weiter gestopft, und zwar zu-

1x
4x
2x
2x
1x

nächst das Hinterteil, bei dem man vorher die Naht schließt. Der größere der beiden Zwickel wird so eingesetzt, daß er den verbreiterten Rücken mit den Hökkern bildet, auf dem der König dann reiten kann. Es wird so gestopft, daß das Kamel schön fest wird. Die Hals- und Kopfpartie machen Sie am besten folgendermaßen: Sie schließen zunächst die Nackennaht, setzen über den Kopf hin den kleineren der beiden Zwickel ein, und nähen die Schnauze und ein Stückchen die Kehle hinunter. Dann stopfen Sie den Kopf aus und die Teile des Halses, die schon geschlossen sind. Sie nähen wieder ein Stück, stopfen wieder, bis der Hals geschlossen ist. Für den Schwanz brauchen Sie ein Stückchen Hanf, den Sie flechten und ansetzen. Die Ohren können Sie entweder aus Luffaschwamm formen oder aber gleichfalls aus geflochtenem Hanf.

Wenn Sie so weit gekommen sind, werden Sie wahrscheinlich auch feststellen, daß das Kamel die Beine allzu sehr spreizt. Nähen Sie die Beine deshalb unter Zuhilfenahme einer Tapezierernadel an den Schenkeln zusammen. Dann sollte Ihr Kamel einen guten Stand haben. Wie das fertige Kamel ausschaut, zeigt die Abb. 119.

Zum Schluß kommt noch etwas höchst Vergnügliches. Wir durchforsten nämlich unsere Bestände an Borten, Bändern, Lederflecken usw., nach etwas, woraus man den Sattel machen kann. Dieser wird entsprechend zugeschnitten und am Rücken des Kamels entweder festgesteckt oder -genäht. Eine gehäkelte Schnur führt von der Schnauze nach rückwärts und wird dem König in die Hand gegeben. Der fertige reitende König wird mit Nadeln befestigt.

118 Das Kamel in halbfertigem Zustand

119 Das Kamel ohne Sattel

Papierfiguren zum Ausschneiden (Entwurf Prof. E. Kerle)

GLORIA IN EXCELSIS DEO

Papierfiguren

Ein Buch zum Thema „Krippenfiguren" wäre nur unvollständig, wenn es nicht auch ein Kapitel über Papierfiguren enthielte, haben sich doch diese so manches Jahrzehnt hindurch behauptet. Der Materie angepaßt, haben sie wie kaum eine andere Spielart von Krippenfiguren den jeweils herrschenden Kunststil widergespiegelt und sind damit so recht zum Zeitdokument geworden.

Dafür, daß auch unser ausgehendes 20. Jahrhundert seinen eigenen Stil an Papierfiguren gefunden hat, bezeugt wohl am schönsten die Papierkrippe, die der bekannte Tiroler Künstler, Prof. Emmerich Kerle, geschaffen hat. Ursprünglich als Ausschneidebogen für den Verband der Krippenfreunde Österreichs konzipiert, wird sie erstmals anläßlich des XII. Weltkrippenkongresses 1985 in Innsbruck zur Verteilung kommen. Durch glückliche Umstände war es der Autorin möglich, diese Papierkrippe hier publizieren zu dürfen.

Um Ihnen, den Lesern dieses Buches, den Einstieg in dieses Gebiet zu öffnen, haben wir die betreffenden Seiten mit Perforation versehen, die es Ihnen unschwer erlaubt, die Blätter herauszulösen, die Figuren auszuschneiden und auf Karton aufzukaschieren. Damit Ihnen dieses zu Ihrer vollsten Zufriedenheit gelingt, informieren wir Sie über die genaue Vorgangsweise.

Anleitung

Der erste Arbeitsgang zur Erarbeitung von Krippenfiguren aus Papier ist das *Aufleimen* (Kaschieren) des hier vorliegenden Ausschneidebogens auf ein entsprechend großes Sperrholzbrettchen (2–3 mm stark) oder einen Graukarton. Dazu verwendet man Kleister oder Tischlerweißleim, den man sehr gleichmäßig über die gesamte Fläche aufträgt. Man legt den Ausschneidebogen über das Holzbrettchen bzw. den Karton und drückt gut an. Auf die Rückseite des Brettchens leimt man, um ein Verwerfen zu verhindern, eine Lage grünlichen Tonpapiers. Beide Seiten werden fest angerieben, wenn möglich gepreßt und gut durchgetrocknet.

Der zweite Arbeitsgang ist das *Aussägen* der Figuren mit der Laubsäge. Dazu verwenden wir ein Laubsägeblatt Nr. 4 fein. Um etwas Übung und Sicherheit im Sägen zu bekommen, beginnen wir mit den vollen Figuren. Bei den weiteren Figuren sägen wir zuerst die Zwischenteile heraus, um das Ausbrechen zu verhindern, erst nachher den Umriß. Sind die Figuren ausgesägt, werden die Kanten leicht mit Schleifpapier abgeschliffen.

Wenn alle Figuren ausgeschnitten sind, befassen wir uns mit ihrer *Standvorrichtung*. Dafür gibt es drei verschiedene Möglichkeiten:

1. Wir bedienen uns desselben Sperrholzbrettchens bzw. Kartons, den wir für die Versteifung der Figuren verwendet haben und schneiden aus diesem Material pro Figur ein Standbrettchen. Dieses muß in der Größe den Ausmaßen der Figur angepaßt sein. Die Standflächen und Figurenränder werden mit Kontaktkleber betupft und nach der auf der Tube angegebenen Anleitung zusammengeleimt. Zum Schluß werden Standflächen und Umrißränder der ausgesägten Figuren bemalt.

2. Wenn der Untergrund es als tunlich erscheinen läßt, können wir die Figuren auch zum Stecken herrichten. Wir beschaffen uns pro Figur einen Stechstift oder eine Stechnadel und befestigen diese mit Selbstklebeband so auf der Rückseite der ausgesägten

Figur, daß der Stift ca. 1–1,5 cm über den unteren Rand hinausragt.
3. Sehr gut bewähren sich auch kleine, grüngestrichene Holzklötzchen, die wir auf die Rückseite der Figur leimen. Um dieser noch größere Standfestigkeit zu geben, kann man zusätzlich durch das Klötzchen einen Nagelstift treiben.
Sollten Sie sich nicht mit dem bloßen Aufstellen der Figuren begnügen, sondern sich einen sogenannten „Krippenberg", also eine angepaßte Umgebung für die Figuren, bauen wollen, dürfen wir Ihnen dafür das ebenso im Tyrolia-Verlag erschienene Buch „Weihnachtskrippen bauen" von Merhart/Spörr empfehlen. Oder Sie wenden sich vertrauensvoll an den Ihrem Wohnort am nächsten gelegenen Krippenverein. Die meisten dieser Vereine veranstalten Krippenbaukurse, die Ihnen das nötige Rüstzeug für das Bauen einer „gekonnten" Krippe vermitteln werden.

Ein Brief zum guten Schluß

Liebe Freunde der Krippe,
wir können kaum annehmen, daß Sie dieses Buch von der ersten bis zur letzten Seite durchforscht haben. Sehr viel wahrscheinlicher ist es, daß Sie sich das „herausgepickt" haben, was Ihnen interessant und vor allem nachahmenswert erschienen ist. Sie werden erwogen haben, die eine oder andere Spielart der vorgestellten Krippenfiguren nachzubasteln, Sie werden wieder verworfen und neu geplant haben, wie es halt so geht. Wir hoffen, nein, wir sind überzeugt davon, daß Sie in der großen Vielfalt, die wir Ihnen geboten haben, das für Sie Passende gefunden und inzwischen auch ausgeführt haben. Vollgefüllt mit Selbstvertrauen sehen wir Sie im Geiste an der Arbeit sitzen, zu der unsere Zeilen, unsere Fotos Sie ermutigen wollen. Mut – ja, ein Quentchen Mut braucht es schon, sich an ein größeres Vorhaben heranzuwagen. Oft gilt es, den trägen Sinn, den Faulpelz in uns drin zu überlisten, ihm zunächst ein lohnendes Ziel vor Augen zu halten und ihn mit etwas gutem Zureden in diese Richtung zu drängen. Dieses Überlisten soll und will dieses Buch unter anderem für Sie übernehmen. Es will ein konkretes Ziel, eine ganz bestimmte Gruppe von Krippenfiguren wie eine – allerdings erreichbare – Fata Morgana vor Ihr inneres Auge stellen und will die Trägheit, die Bequemlichkeit, die Denkfaulheit umwandeln in Tatendrang, Initiative und Freude am kreativen Gestalten. Wenn diese Überlistung erst einmal in Ansätzen gelungen ist, werden Sie Spaß daran finden, sich selbst immer neue Ziele zu setzen, die Latte immer höher zu legen.
„Die Latte hochgelegt" hatten auch diejenigen Damen aus meinem Freundes- und Bekanntenkreis, die mich in der Ausarbeitung der einzelnen Figuren unterstützt haben. Dieses Buch soll nicht beendet werden, ohne daß ich ihnen ein herzliches „Vergelt's Gott" gesagt habe.
Freilich sollten Sie über dem rein Handwerklichen, Gestalterischen nicht das Geistige vergessen, das die Beschäftigung mit der Krippe in so erhebender Weise von den sogenannten reinen Basteltechniken unterscheidet. Gewiß, auch an der Krippe, den Krippenfiguren wird gebastelt, aber der Endzweck ist ein anderer als sonst. Damit, daß Sie sich in der Gestaltung von Krippenfiguren abmühen, rücken Sie sich selbst und Ihre Arbeit ein Stückchen näher heran an das große Wunder, das die Geburt Christi für uns Menschen geschehen ließ. So gesehen, werden die kleinen Gestalten, die Ihren geschickten Händen entsprießen, zu Trägern des großen Jubels rund um das Heilige Kind. Die Betrachtung des von Ihnen Geschaffenen wird Ihre Liebe, Ihre Familie, Ihre Nachbarn und Freunde vor der Krippe vereinen zu einer großen Schar von gut und innig denkenden Menschen christlichen Geistes.
Erlauben Sie uns, der Autorin und dem Fotografen dieses Buches, in dieser Stunde der Besinnung ganz bei Ihnen zu sein!

Ihre
Nenna von Merhart
Engelbert Pöschl

Krippenverbände im deutschsprachigen Raum

Österreich

Verband der Krippenfreunde Österreichs
Sitz in Innsbruck
6010 Innsbruck, Postfach 260, Sillgasse 5

Landesgruppen:

Burgenland: Landesleitung 7062 St. Margarethen, Hauptstraße 17
Ortsgruppe: Wiesen

Wien-Niederösterreich: Landesleitung 1151 Wien, Viktoriagasse 10

Oberösterreich: Landesleitung 4040 Linz, Petrinumstraße 12
Bezirksgruppe: Wels

Salzburg: Landesleitung 5020 Salzburg, Borromäumstraße 13
Ortsgruppe: Lofer

Steiermark: Landesleitung 8861 St. Georgen/Murau, Haus Nr. 4

Tirol: 6010 Innsbruck, Postfach 260, Sillgasse 5
Bezirksgruppen: Reutte, Lienz, Unterinntal, Wipptal
Ortsgruppen: Absam, Aldrans, Alpbach, Angath-Umgebung, Axams, Birgitz, Fulpmes, Götzens, Grinzens, Innsbruck, Inzing, Kitzbühel, Kramsach, Kufstein, Mutters/Natters, Nassereith, Oberperfuss, Ranggen, Roppen, Rum, St. Leonhard, Schwaz, Steinach, Tarrenz, Telfs, Thaur, Vils, Volders, Waidring, Wattens, Wenns, Wildermieming, Zirl

Vorarlberg: Landesleitung 6830 Rankweil, Michl-Rheinberger-Straße 10
Ortsgruppen: Altach-Koblach, Feldkirch-Tisis, Frastanz-Fellengatter, Lustenau, Rankweil, Götzis

Bundesrepublik Deutschland

Verband Bayerischer Krippenfreunde e.V. Sitz München
7918 Illertissen 3, Tiefenbach, Hauptstraße 17
Ortsvereine: Altötting, Amberg, Augsburg, Bad Aibling, Bad Tölz, Bamberg, Berlin, Donauwörth, Fürstenfeldbruck, Füssen, Fulda, Günzburg, Ichenhausen, Illerberg, Immenstadt-Sonthofen, Kempten, Klüsserath, Landsberg, Mindelheim, Mittenwald, München, Nürnberg, Regensburg, Rosenheim, Tegernseer Tal, Ulm und Neu-Ulm, Werdenfelser Land

Landesgemeinschaft der Krippenfreunde in Rheinland und Westfalen e.V. – Telgte (Köln)

Südtirol

Verband der Krippenfreunde Südtirols
39100 Bozen, Kloster Muri-Gries, Grieser Platz 21
Ortsgruppen: Bozen-Gries, Bozen-Haslach, Ehrenburg, Girlan, Mühlbach

Liechtenstein

Verein der Krippenfreunde Liechtensteins
9486 Schaanwald, Heiligwies 99

Schweiz

Schweizerische Vereinigung der Krippenfreunde
Lausanne, Haus Meillerie, Nr. 5

Weltkrippenverband

Universalis Foederation Praesepistica (UN-FOE-PRAE)
I-00184 Roma, Via Tor de' Conti 31/a

Europa

Bundesrepublik Deutschland
Verband Bayerischer Krippenfreunde e.V.
D-7918 Illertissen 3, Hauptstraße 17
Landesgemeinschaft der Krippenfreunde in Rheinland und Westfalen e. V. – Telgte (Köln)

Frankreich
Association Française des Amis de la Crèche
F-6300 Nice, Rue de la Préfecture 15

Italien
Associazione Italiana Amici del Presepio
I-00184 Roma, Via Tor de' Conti 31/a

Liechtenstein
Verein der Krippenfreunde Liechtensteins
FL-9486 Schaanwald, Heiligwies 99

Österreich
Verband der Krippenfreunde Österreichs
A-6010 Innsbruck, Sillgasse 5

Portugal
Federaciòn Portuguesa de Presepistas
Portalegre, Quinta do Rosal

Schweiz
Schweizerische Vereinigung der Krippenfreunde
Lausanne, Haus Meillerie, Nr. 5

Spanien
Federaciòn Española Belenista
Gijon, Calle Emilio Villa 4

Südtirol
Verband der Krippenfreunde Südtirols
I-39100 Bozen, Kloster Muri-Gries, Grieser Platz 21

Südamerika

Argentinien
Hermandad del Santo Pesebre
Cabildo, 425 – Buenos Aires

Bolivien
Varas Reyes prof. Victor
Parija

Brasilien
Associacao Brasileira do Presepio
Rua General Jardim, 595 – 1223 São Paulo

Chile
Grupo de Presepistas de la Asociaciòn Folkloristica Chilena
Castro, 689 – Santiago

Costa Rica
Padres Capuchinos
Apartado, 65 – Cartago

Kolumbien
Sociadad Pesebrista
Apartado Aéreo, 4768 Medellin

Venezuela
Asociaciòn Venezolana del Pesebre
Avenida Victoria Edificio Paterdam, 1040 Caracas

Afrika

Zaire
Association Zairois des Amis des Crèches
7ème Rue no 5, B. P. 16229 Kin 1
République du Zaire

Nenna von Merhart – Walter Spörr

Weihnachtskrippen bauen

Bereits in 2., verb. Auflage, 5.–9. Tausend, 152 Seiten, mit 9 Farbbildern, 63 Schwarzweißbildern und 118 Zeichnungen, lam. Pappband

Dieses Buch hat immer Saison... Die Autoren behandeln alle relevanten Punkte: knapper Blick auf die Geschichte, ausführliche Hinweise zur Gestaltung, auf technische und künstlerische Probleme. Handwerkliche kann es bei den angeführten Beispielen kaum geben, das ist so plausibel mit Plan- und Werkskizzen dargestellt, daß selbst der Anfänger sein Erfolgserlebnis haben wird. Die vielen technischen Hinweise empfehlen das Buch auch für den thematisch u. U. anders orientierten Dioramen- und Modellbauer. Eine hervorragende Arbeit. (ekz-Informationsdienst, Reutlingen)

Ein Buch von Praktikern für Praktiker. Die Erfahrungen langjähriger Krippenbaumeister liegen ihm zugrunde. So bietet das Buch u. a. Vorschläge für den Bau von Wurzel-, Stil- und Schneekrippen und solchen mit orientalischer oder heimatlicher Umgebung. Die schwierige Frage des Hintergrundes oder passendes Material für Brunnen und Bäche wird ebenso kenntnisreich behandelt wie die Krippenbotanik. (Der Bayerische Krippenfreund, München)

Ein herrliches Buch... Da lacht das Herz eines wahren Krippenfreundes. Die Erfahrungen von vielen Krippenbaumeistern verweisen auf handwerkliche Techniken, Grundwissen über die wichtigsten Materialien, Gestaltungsprinzipien, Vorschläge, Tips, Werkanleitungen bis hin zu Schnittmustern. Das Buch vermittelt eine solide Basis, um die Schaffensfreude und die Phantasie jedes Krippenbauers und Interessierten anzuregen, ohne sie dabei einzuengen. (Christ im Alltag, Winterthur)

Ein Buch, das dem Krippenbau gewiß viele neue Freunde gewinnen wird und auch in den Schulen Eingang finden sollte. (präsent)

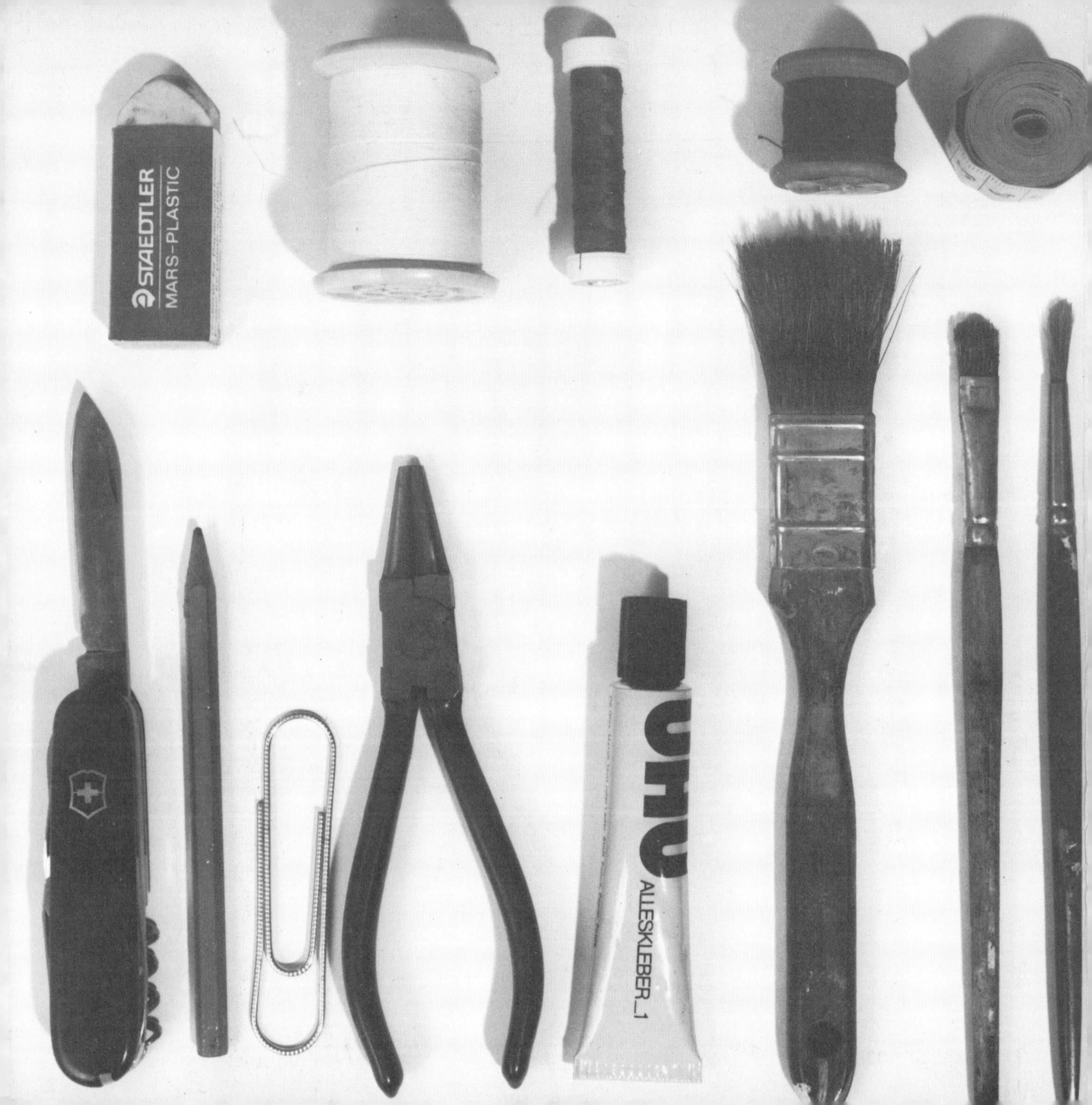
STAEDTLER
MARS-PLASTIC
UHU
ALLESKLEBER_1